스크래치 블록깨기

Little Coders 1

리틀코더 ❶
스크래치 블록깨기
© 최서영, 에듀올랩, 2024

1판 1쇄 펴낸 날 2024년 3월 28일

지음 최서영 · 에듀올랩
총괄 이정욱 | **출판팀** 이지선 · 이정아 · 이지수 | **디자인** Design ET
펴낸이 이은영 | **펴낸곳** 빨간콩 | **등록** 2020년 7월 9일(제25100-2020-000042)
주소 서울시 노원구 동일로 242길 87 2F | **전화** 02-933-8050
전자우편 reddot2019@naver.com | **블로그** blog.naver.com/reddot2019
ISBN 979-11-91864-36-6 73000

※ 신저작권법에 따라 한국 내에서 보호를 받는 저작물이므로 무단 전재와 무단 복제, 전송, 배포를 금합니다.

Little Coders ①

스크래치 블록깨기

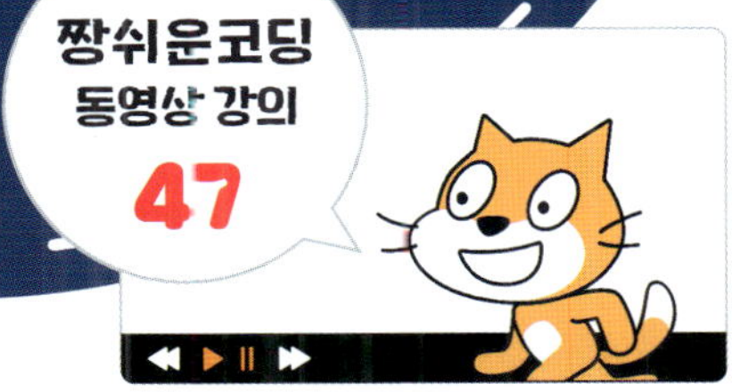
짱쉬운코딩
동영상 강의
47

최서영(에이다코딩) · 에듀올랩 지음

빨간콩

Contents

프롤로그 **냐옹쓰 이야기** ··· 06

01 클릭했을 때 10만큼 이동하기 ···································· 15

02 반복하기, 무한 반복, 1초 기다리기 ·························· 19

03 왼쪽, 오른쪽으로 15도 회전하기 ······························ 25

04 무작위 위치, 랜덤 위치로 이동하기 ························ 31

05 X와 Y 좌표값으로 이동하기 ······································ 37

06 90도 방향 보기 ·· 41

07 마우스 포인터, 스프라이트 쪽 보기 ························ 45

08 x, y 좌표 바꾸기와 정하기 ·· 51

09 벽에 닿으면 튕기기, 회전 방식 정하기 ·················· 57

10 말하기, 생각하기 ·· 61

11 모양 탭, 모양 메뉴 설정하기 ···································· 65

12 스프라이트 모양 바꾸기 ·· 71

13 배경 바꾸기 ·· 77

14 스프라이트 크기 바꾸기 ·· 83

15 색깔 효과 바꾸기 ·· 87

16 어안렌즈, 소용돌이 효과로 바꾸기 ·························· 91

17 픽셀화, 모자이크 효과로 바꾸기 ······························ 95

18 밝기, 투명도 효과로 바꾸기 ···································· 101

19 보이기, 숨기기 ·· 107

20 순서 바꾸기 ·· 111

21 소리 탭 설정하기 ·· 115

22 재생하기, 소리끄기 ·· 121

23 음 높이 바꾸기, 소리 효과 지우기 ························ 125

Little Coders ① 스크래치 블록깨기

24 음량 설정하기 · 129
25 클릭했을 때, 스페이스 키를 눌렀을 때 · · · · · · · · · · · · · · · 134
26 스프라이트, 무대를 클릭했을 때 · · · · · · · · · · · · · · · · · · · 137
27 신호를 보냈을 때, 받았을 때 · 143
28 조건에 따라 명령 실행하기 · 147
29 조건대로 판단하여 실행하기 · 151
30 기다리기 · 155
31 반복하기, 멈추기 · 159
32 복제하기 · 163
33 묻고 기다리기 · 167
34 드래그, 타이머 활용하기 · 171
35 +, -, *, / 기호와 난수 활용하기 · · · · · · · · · · · · · · · · · · · 175
36 부등호 블록 활용하기 · 179
37 논리, 연산 블록 활용하기 · 183
38 가위와 나무 결합하기 · 187
39 문자열 만들기 · 191
40 나머지, 반올림, 절대값 · 197
41 변수 활용하기 · 201
42 리스트 추가하기, 삭제하기 · 205
43 리스트 항목에 넣고 바꾸기 · 209
44 리스트 보이기, 숨기기 · 213
45 음악, 펜 블록 활용하기 · 218
46 펜 내리기, 펜 색깔과 굵기 바꾸기 · · · · · · · · · · · · · · · · · 221
47 영상 감지, 음성 변환, 번역하기 · · · · · · · · · · · · · · · · · · · 225

프롤그

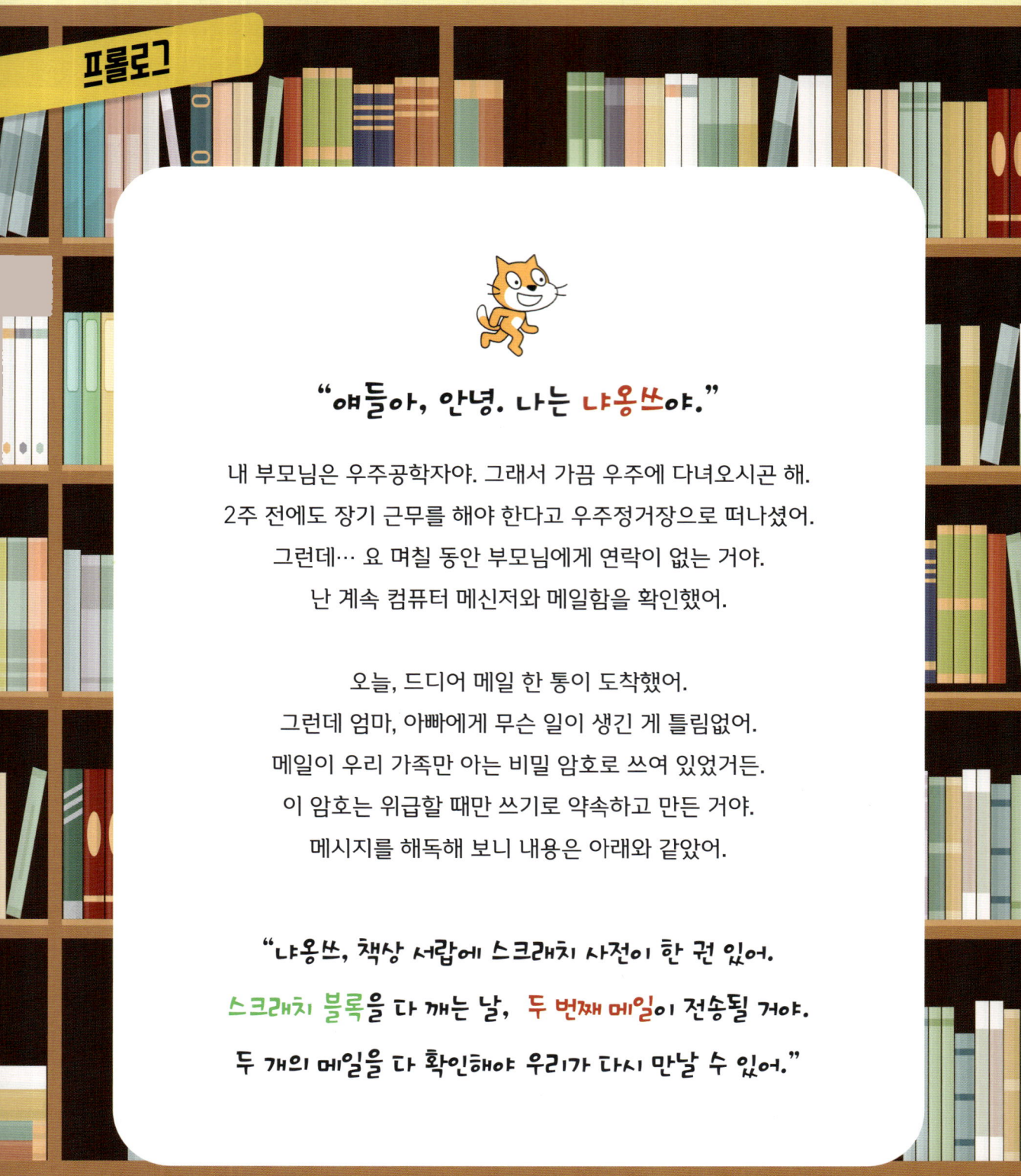

"얘들아, 안녕. 나는 냐옹쓰야."

내 부모님은 우주공학자야. 그래서 가끔 우주에 다녀오시곤 해.
2주 전에도 장기 근무를 해야 한다고 우주정거장으로 떠나셨어.
그런데… 요 며칠 동안 부모님에게 연락이 없는 거야.
난 계속 컴퓨터 메신저와 메일함을 확인했어.

오늘, 드디어 메일 한 통이 도착했어.
그런데 엄마, 아빠에게 무슨 일이 생긴 게 틀림없어.
메일이 우리 가족만 아는 비밀 암호로 쓰여 있었거든.
이 암호는 위급할 때만 쓰기로 약속하고 만든 거야.
메시지를 해독해 보니 내용은 아래와 같았어.

"냐옹쓰, 책상 서랍에 스크래치 사전이 한 권 있어.
스크래치 블록을 다 깨는 날, 두 번째 메일이 전송될 거야.
두 개의 메일을 다 확인해야 우리가 다시 만날 수 있어."

 최쌤! 도와주세요~! 코딩이 뭐예요? 블록은 또 뭐죠? 저처럼 코딩을 전혀 몰라도 스크래치를 할 수 있나요?

 안녕! 짱쉬운 코딩을 가르치는 최쌤이에요. 냐옹쓰, 걱정하지 말아요. 코딩이 처음이어도 스크래치는 할 수 있어요.

 코딩이란 말은 많이 들어봤지만, 그건 전문가들이나 하는 거 아닌가요? 게임이나 앱 같은 것을 만들 때요.

 그것도 맞아요. 하지만 코딩은 좀 더 넓은 뜻을 가지고 있어요. 코딩이란 프로그램을 개발하기 위한 작업 중 가장 기본적인 작업이에요.

영상 QR 코드를 스캔하면 최쌤의 동영상 강의를 들으며 코딩할 수 있어요.

아래는 코딩을 함께 도와줄 친구들이에요. 지금부터 기가, 나노, 피코의 이야기를 잘 들어보면 코딩이 무엇인지 알 수 있을 거예요!

안녕! 난 기가야.

반가워! 난 나노야.

헤이, 친구들! 난 피코야.

코딩의 목표는 '**문제를 제대로 해결하는 일**'이야. 코딩은 컴퓨터가 문제를 해결할 수 있게 프로그램을 만드는 거야. 코딩을 효율적으로 하려면 가장 먼저 **알고리즘**을 구상해야 해.

> 알고리즘 ● ─▷ 흐름, 어떤 문제를 해결하려는 방법이나 절차

알고리즘이란 말이 어렵다고? 알고리즘이 뭔지 쉽게 예를 들어 설명해 줄게.

❶ 주말에 친구와 만나기로 약속했다고 하자. 그럼 일어나서, 씻고, 준비를 한 다음 집을 나서야 하지? 이때 **친구를 만나기 전까지 행동한 순서와 과정**이 바로 알고리즘이야.

❷ [일어나기] – [세수하기] – [샤워하기] – [머리 감고 말리기] – [옷입기] – [가방 챙기기] – [버스 타기]와 같이 순서를 정하고 그것들을 어떻게 할지 생각하는 것이지.

❸ 알고리즘을 이용하면 문제해결을 가장 효율적으로, 편하고 쉽게 할 수 있어. 코딩을 하려면 먼저 알고리즘을 구상한 다음, 컴퓨터가 문제를 해결할 수 있도록 여러 가지 조건을 만들고 명령하면 돼.

> 알고리즘 ● ─▷ 문제해결을 위해 해야 할 일의 순서를 정하고, 선택하고, 반복하는 과정

코딩을 하려면 먼저 컴퓨터에게 명령할 언어, 즉 **프로그램 언어**를 선택해야 해. 프로그램 언어는 사람의 말과는 달라. 프로그램 언어에는 0과 1의 수로 전기 신호를 만들어내는 **기계어**, 숫자 대신 문자를 사용하는 텍스트 언어인 **C언어, 자바, 파이썬** 등과 블록 모양의 명령어를 조립하고 쌓는 **엔트리, 스크래치**가 있어. 우리는 이 중에서 스크래치로 코딩을 해 볼 거야.

> 프로그램 언어 ● ─▷ 기계어, C언어, 자바, 파이썬, 엔트리, 스크래치 등

자, 이제 코딩의 개념에 대해 알았으니 본격적으로 **스크래치**를 시작해 보자. 스크래치를 하려면 먼저 홈페이지에서 회원 가입을 해야 해.

❶ 스크래치 홈페이지(https://scratch.mit.edu/)에 들어가. 홈페이지 화면 오른쪽 위에 **스크래치 가입**을 클릭하고 사용자 이름(아이디)과 비밀번호를 만들면 돼.

 스크래치 가입과 가입 후 개인정보 변경을 위해서는 이메일이 필요하니 가입 전에 이메일이 있는지 꼭 확인해야 해. 아이디와 비밀번호는 영문으로만 만들 수 있으니 참고해!

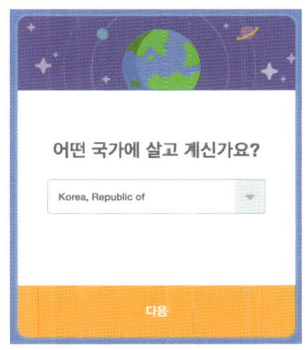

❷ 국적을 묻는 페이지에서 오른쪽 화살표를 눌러 korea, republic of를 선택해.
❸ '스크래치에 오신 걸 환영합니다'라는 문구가 나오면 회원 가입 완료!

 스크래치 홈의 **툴바**를 먼저 둘러 보자.

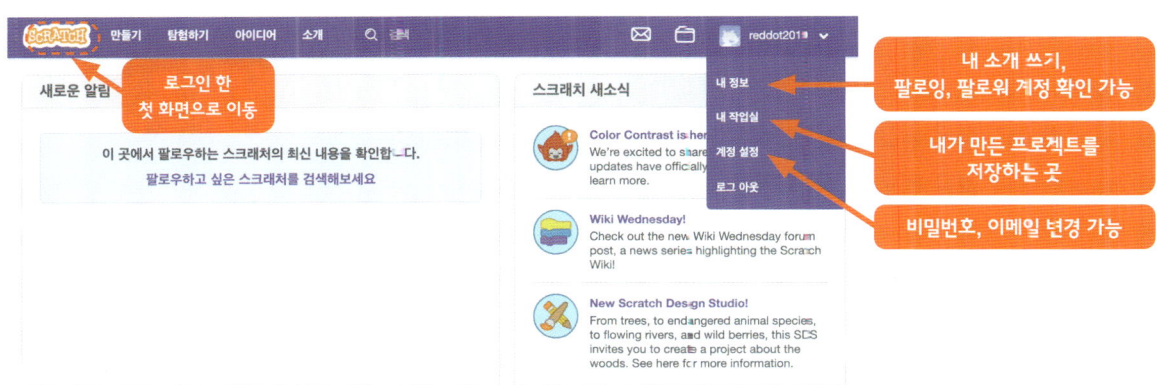

이번에는 **스크래치 만들기 화면**을 둘러 보자.

❶ 홈 화면에서 **만들기**를 눌러 맨 위 파란색 툴바에 있는 메뉴들이 바뀌었는지 확인해 봐.

❷ 지구본 🌐 옆 화살표를 눌러 **사용 언어(한국어)**를 선택해.

❸ 파일 메뉴에는 새 작업을 시작할 때 필요한 **새로 만들기**와 만든 파일을 저장하는 **저장하기, 복사본 저장하기**가 있어. 저장된 파일을 불러올 때는 **Load from your computer**, 내가 만든 파일을 컴퓨터에 따로 저장할 때는 **컴퓨터에 저장하기**를 누르면 돼.

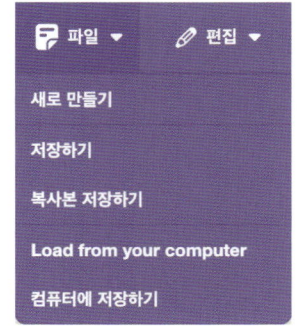

❹ 편집 메뉴에는 실수로 스프라이트를 삭제했을 때 복구할 수 있는 **되돌리기**와 실행 속도를 빠르게 해주는 **터보 모드 켜기**가 있어.
터보 모드는 Shift와 🚩을 같이 클릭한 후 다시 🚩클릭으로 간단히 조작할 수 있지.

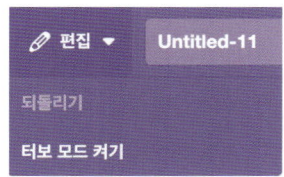

❺ 메뉴 툴바 아래쪽에는 **코드, 모양, 소리**라는 탭이 있어. 각 탭을 누르면 블록들을 분류해 놓은 카테고리가 나타나.

❻ **코드 탭**을 누르면 **팔레트 목록**이 보일 거야. 각 카테고리에 있는 블록들은 같은 색으로 분류되어 있으니 색으로 구분하기 쉽지.

❼ 화면의 정중앙에는 **스크립트 표시창**이 있어. 표시창 오른쪽 아래에는 ⊕, ⊖, = 표시가 있는데 ⊕는 **확대할 때**, ⊖는 **축소할 때**, 그리고 = 는 확대되거나 축소되었던 스크립트를 **원래 크기로 돌려놓을 때** 쓰면 돼.

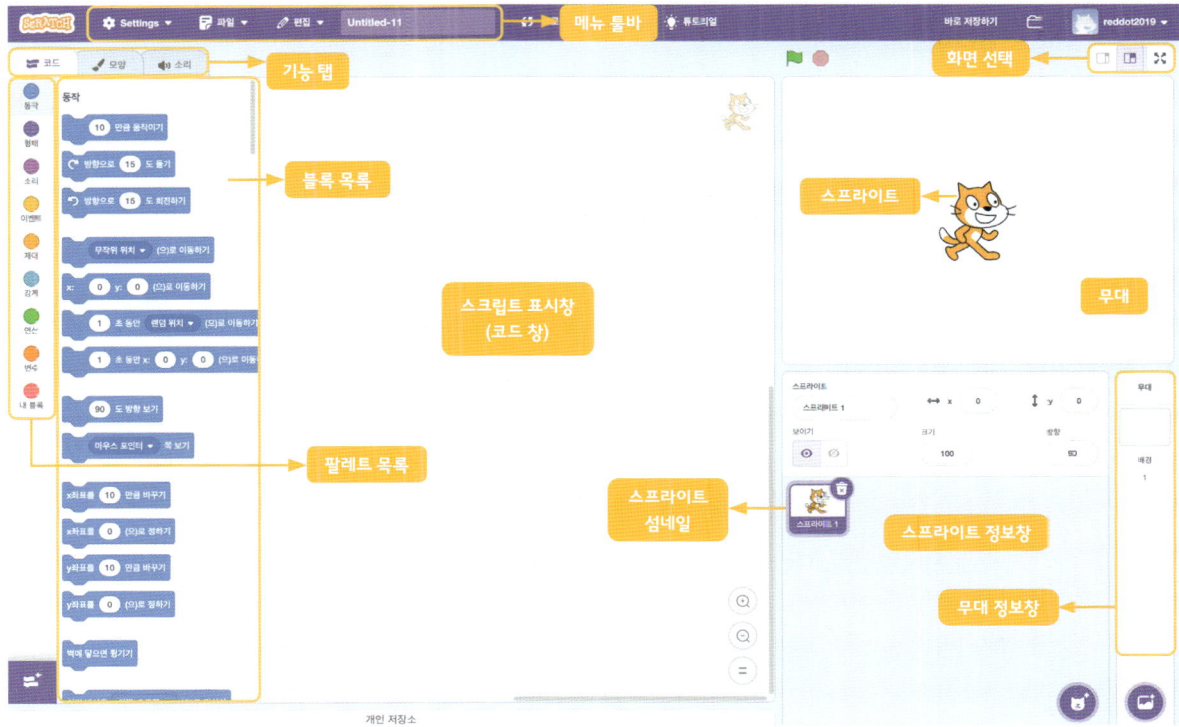

[스크래치 첫 화면]

❽ 스크립트 표시창 오른쪽 위에는 **실행**의 의미인 🚩과 **모두 멈춤**의 의미를 가진 🔴이 있어. 오른쪽에는 스크립트 표시창의 전체 크기를 바꿀 수 있는 ▭ ▭와 무대를 전체화면으로 보여주는 ✕ 디 있지.

❾ 코드가 실행되는 **무대** 창이 있고 아래에 현재 선택된 스프라이트의 이름과 현재 좌표가 표시되는 **스프라이트 정보창**이 있어. 정보창에는 스프라이트의 보이기 버튼인 ◉ ◌ , 크기 창인 100 , 스프라이트가 바라보는 방향을 설정하는 90 버튼이 있고, 그 아래로는 기본 스프라이트인 고양이 🐱가 선택되어 있을 거야.

❿ 맨 오른쪽 **무대 정보창**은 현재 배경을 표시해.

이제 **스프라이트**와 **배경**을 골라 보자.

을 누르면 **스프라이트 고르기** 페이지로 이동하고 을 누르면 **배경 고르기** 페이지로 이동해.

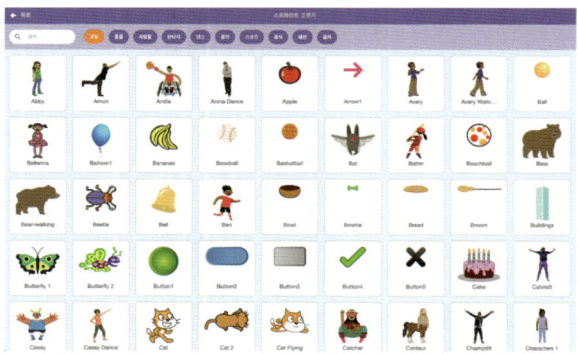

[스트라이프 고르기 페이지]

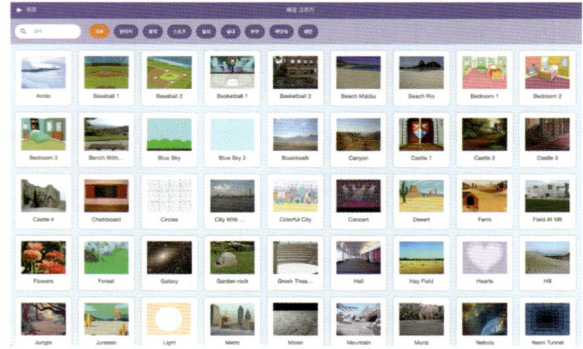

[배경 고르기 페이지]

 을 누르지 않고 마우스 포인터를 올려놓으면 무대에 스프라이트와 배경을 추가할 수 있어!

① 스트라이프 업로드하기 : 컴퓨터에 저장된 스프라이트를 추가해요.
② 서프라이즈 : 랜덤으로 스프라이트를 골라 무대에 추가해요.
③ 그리기 : 스프라이트를 직접 그려서 만들어 무대에 추가해요.
④ 스프라이트 고르기 : 스크래치 기본 스프라이트 이미지 중 원하는 스프라이트를 선택해 무대에 추가해요.

① 배경 업로드하기 : 컴퓨터에 저장된 배경을 추가해요.
② 서프라이즈 : 랜덤으로 배경을 골라 무대에 추가해요.
③ 그리기 : 배경을 직접 그려서 만들어 무대에 추가해요.
④ 배경 고르기 : 스크래치 기본 배경 이미지 중 원하는 배경을 선택해 무대에 추가해요.

01  클릭했을 때 10만큼 이동하기

영상QR코드

▼ 이벤트 블록과 동작 블록을 이용하여 고양이가 앞뒤로 움직이도록 코딩해요.

처음 만나는 블록		
팔레트	블록	블록 설명
이벤트	클릭했을 때	▶를 클릭하면 명령이 실행되는 블록
동작	10만큼 움직이기	스프라이트가 입력된 값만큼 움직이는 블록

스크래치를 이용해 만든 코딩 작품을 **프로젝트**라고 하고, 명령 블록들을 조립한 꾸러미를 **스크립트**라고 해.

 자, 드디어 블록깨기를 시작하게 되었어요! 블록을 모두 깨야 냐옹쓰의 부모님을 찾을 수 있으니 열심히 따라해 봐요. 우선 스프라이트부터 움직여 봅시다.

 스프라이트를 10만큼 움직여 보자.

❶ 이벤트 카테고리에서 `클릭했을 때` 블록을 찾아 코드 창의 빈곳으로 드래그해.

❷ `클릭했을 때` 블록에 초록색 깃발이 있지? 스크립트 표시창 오른쪽 위에 있는 🏁과 같은 깃발이야. 이 블록과 깃발은 서로 연결되어 있어.

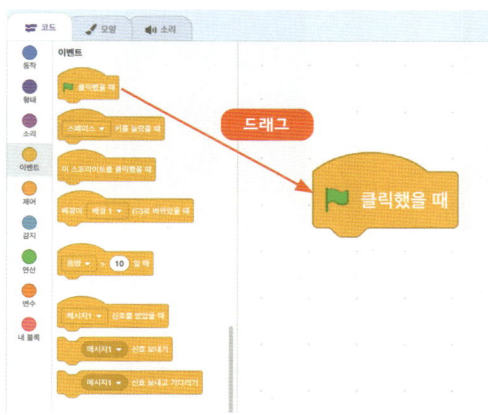

🐤 `클릭했을 때` 블록 아래에 다른 블록들을 연결하고 🏁을 클릭하면 우리가 만든 블록대로 스프라이트가 움직여. 코딩을 할 때 이 블록을 미리 꺼내 놓으면 좋아.

❸ 동작 카테고리에서 `10만큼 움직이기` 블록을 찾아 `클릭했을 때` 블록 아래로 끼워 넣어.

 `10만큼 움직이기` 블록을 드래그한 채로 `클릭했을 때` 블록 밑에 가까이 가져가면 그림자가 생겨. 이때 마우스에서 손가락을 떼면 연결된 걸 확인할 수 있지.

❹ 무대 위의 🏁을 클릭해 봐. 고양이의 움직임이 잘 보이지 않는다면 연달아 여러 번 클릭해 봐. 한 번 클릭했을 때 고양이의 움직임이 잘 보이지 않는 건 10이라는 값이 너무 작아서 그래.

블록의 값을 바꿔 보자. 고양이가 앞, 뒤로 원하는 만큼 움직이도록 할 수 있어.

❶ `10만큼 움직이기` 블록의 값을 50으로 바꿔 보자.

❷ 다시 무대 위의 깃발을 클릭해 봐. 어때? 처음보다 많이 앞으로 움직이지? 다른 숫자도 넣어보고 스프라이트의 움직임을 확인해 봐.

❸ 고양이 스프라이트를 뒤로 움직이게 하고 싶다면 숫자 앞에 음수 기호인 -를 붙여주면 돼.

 블록을 여러 개 붙여 보자.

❶ 100만큼 갔다가 50만큼 돌아오는 스크립트를 만들어 볼까? 위에서 사용한 블록들을 이용해서 직접 스크립트를 만들어 봐. 앞으로 갔다가 뒤로 오는 것이니 100, -50으로 값을 변경해 주면 되겠지?

❷ 결과를 보면 앞으로 갔다가 뒤로 돌아오는 게 아니라 50만큼만 앞으로 간 걸 확인할 수 있을 거야. 물론 고양이는 명령대로 앞으로 100을 간 후 다시 뒤로 50만큼 돌아왔지만, 컴퓨터의 코딩 실행 속도가 너무 빨라서 우리 눈에는 50만큼 앞으로 간 것처럼 보이는 거야.

❸ 연달아 블록을 붙여놓으면 결국 마지막에 있는 블록 코드만 실행되는 것처럼 보인다는 건 아주 중요하니까 꼭 기억해!

와, 블록을 연결만 하면 스프라이트를 움직이게 할 수 있구나!

내가 내린 명령대로 스프라이트가 움직이는 게 정말 신기하지?

오늘의 코딩 핵심 정리

◆ 🏁 클릭하기 블록

초록색 깃발을 클릭하면 아래 블록대로 명령이 실행돼요.

◆ 10만큼 움직이기 블록

스프라이트가 **입력된 값**만큼 움직여요.

◆ 블록값의 +, −

앞으로 움직이는 입력값은 숫자 앞에 **+**가 생략되어 있고, **뒤로 움직이려면** 숫자 앞에 **−**를 입력해야 해요.

나의 코딩 노트

----

02  반복하기, 무한 반복, 1초 기다리기

영상QR코드

제어 블록과 동작 블록을 이용하여 스프라이트가 반복해서 움직이도록 코딩해요.

처음 만나는 블록		
팔레트	블록	블록 설명
제어	10 번 반복하기	블록 안의 명령을 입력된 값만큼 반복해서 실행하는 블록
제어	무한 반복하기	블록 안의 명령을 무한 반복해서 실행하는 블록. 그만하라는 명령을 내리기 전까지 명령을 무한 반복함.
제어	1 초 기다리기	입력된 값만큼 기다린 후 명령을 실행하는 블록
동작	10 만큼 움직이기	입력된 값만큼 스프라이트를 이동시키는 블록

 간단히 복습해 볼까요? `10만큼 움직이기` `50만큼 움직이기` `100만큼 움직이기` 블록을 연결하고 🏁를 클릭해서 고양이 위치를 바꿔 보세요!

 스프라이트를 이동할 때 이동 횟수가 커질수록 클릭 수는 적어진다는 거, 잊지 않았지?

 `10만큼 움직이기` 블록을 여러 번 클릭하면 고양이가 계속 앞으로 움직이지? 내가 코딩한 대로 스프라이트가 움직이는 거야. 스프라이트에게 명령을 내린다고 생각하면 실수하지 않을 거야.

 이번 시간에는 **반복하기** 블록에 대해 알아볼 거야. 우선 좌표의 개념에 대해서 제대로 아는 게 중요해.

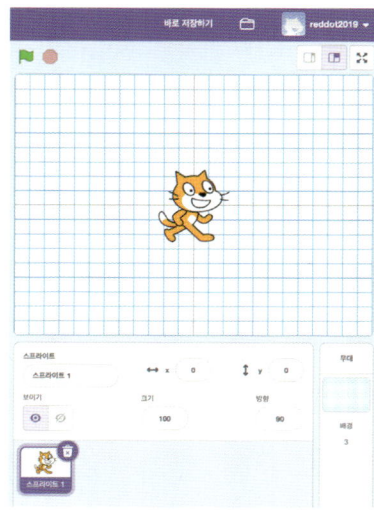

❶ `10만큼 움직이기` 블록을 여러 번 클릭하지 않아도 무대의 끝까지 움직일 수 있도록 코딩해 보자. 몇 번 클릭해야 무대 끝까지 움직일 수 있을까?

❷ 배경을 좌표가 있는 그리드로 바꿔줄 거야. 🖼를 클릭하면 배경을 고를 수 있어. **Xy-grid20px**를 찾고 클릭해 봐. 어때? 배경이 잘 바뀌었니?

 좌표는 어떻게 보면 될까?

❶ 고양이 스프라이트의 왼쪽 발뒷꿈치를 기준으로 체크하면 돼.

❷ `클릭했을 때` 블록 아래에 `10만큼 움직이기` 블록을 연결하고 🏁을 2번 클릭한 후 고양이의 발뒷꿈치를 확인해 봐. 1번 클릭하면 반 칸, 2번 클릭하면 한 칸 움직인 걸 확인할 수 있어.

다시 원래 자리로 돌려보낼 수 있겠니? 오, 맞아! `-10만큼 움직이기` 로 바꾸고 2번 클릭하면 돼.

 이제 고양이를 무대 끝까지 움직여 보자. 어떻게 하면 될까?

❶ 고양이 뒷발을 기준으로 무대 끝까지 몇 칸인지 세어보면 13칸만큼 이동해야 하는 걸 알 수 있어.
❷ 한 칸을 이동하려면 2번 클릭해야 했으니, 무대 끝까지 이동하려면 26번을 클릭하면 돼.

 정말 잘했어! 이번에는 **반복하기** 블록을 사용해서 코딩해 보자.

❶ `클릭했을 때` 블록 아래에 `10번 반복하기` 블록을 연결하고 그 사이에 `10만큼 움직이기` 블록을 넣어줘.

❷ `10번 반복하기` 블록의 값을 26으로 바꾼 후 🚩을 클릭해 봐. 고양이가 무대 끝까지 움직이는 모습이 보이지? 반복하기 블록을 사용하면 26번이나 클릭하지 않아도 스프라이트를 무대 끝까지 이동시킬 수 있어. 아주 효율적인 블록이지.

 한 번 더 클릭하면 어떻게 될까? 스프라이트가 계속 이동하면 무대 밖으로 벗어나서 안 보여야 할 텐데 없어지지 않지. 스프라이트는 기본적으로 무대 밖을 벗어나지 못하게 설정되어 있다는 걸 알 수 있어.

❸ `10번 반복하기` 블록과 `10만큼 움직이기` 블록의 값을 임의로 변경하면서 스프라이트의 움직임을 확인해 봐. `10번 반복하기` 블록은 내가 정한 값만큼 반복한다는 것을 알 수 있어.

이제 무한 반복하기 블록과 1초 기다리기 블록에 대해 알아볼 차례야.

❶ `무한 반복하기` 블록은 말 그대로 한계가 없어. 그만하라는 명령을 내리기 전까지 계속 반복을 실행하지.

❷ `1초 기다리기` 블록 역시 말 그대로 1초 동안 기다렸다가 다음 명령을 실행하게 하는 블록이야.

❸ 지난 시간에 블록을 연달아 붙이면 컴퓨터가 코딩을 빠르게 실행해서 과정은 보지 못하고 결과만 보인다는 걸 알았지? `10번 반복하기` 블록 사이에 `10만큼 움직이기` 와 `-10만큼 움직이기` 블록을 넣고 실행해 봐. 아마 고양이가 움직이지 않고 제자리에 있는 것처럼 보일 거야.

❹ 그럼 이번엔 두 블록 사이에 `1초 기다리기` 블록을 넣고 🚩을 클릭해 봐. 어때? 고양이가 앞뒤로 움직이는 모습이 보이니? 그런데 뭔가 좀 이상하지. 고양이의 움직임이 자연스럽지가 않아.

 이유를 알겠니? 동작 블록이 `10번 반복하기` 블록 사이에 있어서 `-10만큼 움직이기` 가 실행되고 바로 `10만큼 움직이기` 가 반복되기 때문이야. 이 문제를 해결할 사람, 머리 위로 손!

 문제를 해결했니? 그럼 이제 고양이의 움직임이 자연스러워지는 최종 코드를 알려 주지!

❶ `-10만큼 움직이기` 블록 아래에 `1초 기다리기` 블록을 하나 더 넣으면 돼. 🚩을 눌러 실행한 후 고양이 스프라이트의 움직임을 확인해 봐. 앞으로 갈 때 1초 쉬고, 뒤로 갈 때 1초 쉬는 걸 반복하기 때문에 고양이의 움직임이 자연스러워.

❷ `1초 기다리기` 블록 또한 값을 0.1초 기다리기 또는 2초 기다리기와 같이 줄이거나 늘려서 속도를 조절할 수 있어.

❸ 이제 `10번 반복하기` 블록을 `무한 반복하기` 블록으로 바꾸어 보자.

❹ `1초 기다리기` 블록의 값도 바꾸면서 고양이 스프라이트의 움직임을 확인해 봐.

이제 스프라이트를 얼마든지 자연스럽게 움직이게 코딩할 수 있어!

오늘의 코딩 핵심 정리

◆ **스크립트**

코드와 코드가 연결되어서 명령을 수행할 수 있는 하나의 연결된 **코드 덩어리**

◆ **무한 반복하기 블록**

한계를 정해놓지 않고 그만하라는 명령을 내리기 전까지 **명령을 반복, 실행**하는 블록

◆ **1초 기다리기 블록**

명령의 **실행 속도를 조절**할 수 있는 블록

나의 코딩 노트

----

03  왼쪽, 오른쪽으로 15도 회전하기

영상QR코드

▸ 제어 블록과 동작 블록을 이용해서 고양이 스프라이트를 회전시켜요.

처음 만나는 블록		
팔레트	블록	블록 설명
동작	방향으로 15 도 돌기	스프라이트가 오른쪽 방향으로 입력한 값만큼 회전하는 블록
	방향으로 15 도 회전하기	스프라이트가 왼쪽 방향으로 입력한 값만큼 회전하는 블록

코딩이 너무 쉽다고? 점점 코드가 길어지면 실수할 수 있으니 처음부터 차근차근 연습하고 배우는 게 좋아.

친구들! 오늘은 **회전하기** 블록을 알아볼 거야. 빙글빙글, 맘대로 돌려 봐!

❶ `클릭했을 때` 블록과 `오른쪽 방향으로 15도 돌기` 블록을 연결하고 🏳을 클릭해 봐. 스프라이트가 오른쪽 방향으로 15도 회전하는 모습을 확인할 수 있을 거야. `왼쪽 방향으로 15도 회전하기` 블록을 가져와 아래에 붙인 후 다시 🏳을 클릭하고 결과를 확인해 봐. 고양이가 어떻게 움직이니?

실제로는 오른쪽으로 회전했다가 다시 왼쪽으로 회전해서 제자리로 돌아온 거지만, 컴퓨터의 실행 속도는 너무 빠르기 때문에 우리의 눈에 확인되지 않아.

❷ `1초 기다리기` 블록을 `오른쪽 방향으로 15도 돌기` 블록과 `왼쪽 방향으로 15도 회전하기` 블록 사이에 넣어줘. 다시 🏳을 클릭하면 고양이가 인사하는 것처럼 보이는 걸 확인할 수 있을 거야.

머릿속으로는 당연히 다르다는 걸 아는데, 코드가 길어지고 복잡해지면 실수할 수 있어. 쉬워도 처음부터 잘 연습해야 나중에 헷갈리지 않아.

 이제 본격적으로 스프라이트를 **한 바퀴 회전**시켜 볼까?

❶ `오른쪽 방향으로 15도 돌기` 블록을 이용해서 한 바퀴 회전하려면 회전하기를 몇 번 반복해야 할까? 한 바퀴는 360도이니 360을 15로 나눈 수인 **24번**을 반복해야 한 바퀴를 돌 수 있겠지. `10번 반복하기` 블록을 끌어와 24로 수정한 후, 블록 사이에 `오른쪽 방향으로 15도 돌기` 블록을 넣고 🏳을 눌러 봐. 고양이가 원래 자리에서 딱 한 바퀴 도는지 확인해 봐.

❷ 잘 회전한다면 `오른쪽 방향으로 15도 돌기` 블록의 값을 **30도**로 수정한 후 다시 🚩을 눌러 결과를 확인해 봐. 이번에는 총 720도, 즉 두 바퀴를 회전하겠지. 같은 시간에 한 바퀴를 더 돌아야 하니 회전 속도가 더 빨라졌을 거야.

❸ 똑같은 고양이 스프라이트를 하나 더 추가해서 비교해 보자. 🐱 를 눌러 🐱 를 추가해. `10번 반복하기` 블록과 `오른쪽 방향으로 15도 돌기` 블록을 이용해서 15도 회전을 24번 반복하는 스크립트를 만들어 봐.

 지금 코드를 넣고 있는 스프라이트는 파란색 테두리가 있고 오른쪽 상단에 휴지통 모양이 보인다는 점을 꼭 확인해야 해. 그래야 엉뚱한 스프라이트가 실행되지 않는다는 걸 잊지마!

 스프라이트를 복사해서 **서커스 무대**를 만들어 보자.

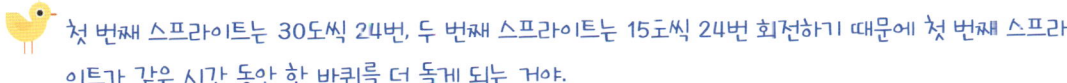

❶ 🚩을 누르면 첫 번째 스프라이트와 두 번째 스프라이트의 **회전 속도의 차이**를 볼 수 있어.

🐤 첫 번째 스프라이트는 30도씩 24번, 두 번째 스프라이트는 15도씩 24번 회전하기 때문에 첫 번째 스프라이트가 같은 시간 동안 한 바퀴를 더 돌게 되는 거야.

❷  스프라이트를 하나 더 추가하자. 기본 스프라이트 위에 마우스 포인트를 대고 오른쪽 버튼을 클릭하고 **복사하기**를 누르면 코드까지 똑같이 복사된 스프라이트가 만들어져.

❸ 세 번째 스프라이트는 회전 각도를 **45도**로 수정해. ▶을 클릭해서 세 스프라이트의 속도 차이를 확인해 봐.

❹ 를 클릭하여 **spotlight** 배경을 넣고, 고양이 스프라이트들을 적당하게 배치하면 돼. 마우스로 고양이를 클릭하면 이동시킬 수 있어.

 이제 앞뒤로 **덤블링하는** 고양이 삼형제를 만들어 보자. 우선 **cat 스프라이트**의 코드를 봐.

❶ [Cat] 을 선택하고 [24번 반복하기] 블록 아래에 [1초 기다리기] 블록을 연결해.

❷ 그 아래에 다시 **왼쪽 방향으로 15도 회전**을 **24번 반복**하는 스크립트를 만들어 봐.

❸ ▶을 눌러 앞뒤로 잘 덤블링하는지 확인해 봐.

두 번째로 **스프라이트1**의 코드를 보자.

❶ 블록을 하나하나 붙이면 시간이 많이 걸리니 코드도 스프라이트처럼 복사해서 사용해 볼까? 를 선택한 후 우선 기존 코드에 `1초 기다리기` 블록을 연결해 줘.

❷ `24번 반복하기` 블록 위에 마우스를 대고 오른쪽 버튼을 클릭해 복사하면 블록이 복제되어 나타날 거야. 그 블록들을 `1초 기다리기` 블록 아래로 붙여 넣으면 돼.

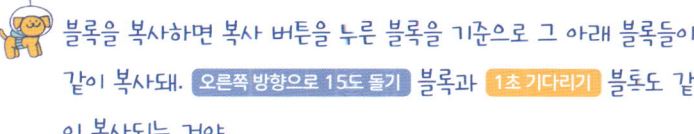

블록을 복사하면 복사 버튼을 누른 블록을 기준으로 그 아래 블록들이 같이 복사돼. `오른쪽 방향으로 15도 돌기` 블록과 `1초 기다리기` 블록도 같이 복사되는 거야.

❸ 복사된 블록 중 `오른쪽 방향으로 15도 돌기` 블록과 `1초 기다리기` 블록은 사용하지 않으니 삭제해. 블록에 마우스를 대고 오른쪽 버튼을 클릭하여 **블록 삭제하기**를 선택하면 돼. 그 다음 `24번 반복하기` 블록 사이에 `왼쪽 방향으로 15도 회전하기` 블록을 끌어와 연결한 다음 각도를 **30도**로 수정해 줘.

 세 번째로 **스프라이트2**의 코드를 보자.

❶ 세 번째 스프라이트도 복사하자. 이번에는 `오른쪽 방향으로 15도 돌기` 블록을 버리지 않고 왼쪽으로 회전시켜 볼 거야. `10만큼 움직이기` 블록의 값을 양수로 설정하면 오른쪽으로 이동하고, 음수로 설정하면 왼쪽으로 이동했던 거, 기억나지? 이 블록도 마찬가지로 앞에 **- 기호**만 붙여주면 그 값만큼 왼쪽으로 회전하게 돼. 값을 수정한 후 🏁을 눌러 잘 회전하는지 확인해 봐.

❷ 앞뒤로 덤블링하는 고양이 삼형제 완성! 작성한 스크립트들의 값을 마음대로 변경하여 재미있는 프로젝트를 만들어 봐. 기대할게!

오늘의 코딩 핵심 정리

◆ **코드를 넣고 있는 스프라이트**

파란색 테두리로 둘러져 있고 휴지통 모양이 떠요.

◆ **스프라이트와 코드 복사하기**

마우스 오른쪽 버튼을 클릭하여 복사해요.

◆ **블록 복사하기**

마우스를 클릭한 블록을 기준으로 그 아래 블록들이 같이 복사돼요.

나의 코딩 노트

----

04  무작위 위치, 랜덤 위치로 이동하기

스프라이트가 **자유롭게** 이리저리 움직일 수 있도록 코딩할 수 있어요!

영상QR코드

▶ 무작위 위치로 이동하기 블록과 1초 동안 랜덤 위치로 이동하기 블록의 차이점을 배워요.

처음 만나는 블록

팔레트	블록	블록 설명
동작	무작위 위치 ▼ (으)로 이동하기	스프라이트가 무작위 위치로 이동하는 블록
	1 초 동안 랜덤 위치 ▼ (으)로 이동하기	스프라이트가 입력한 값만큼 랜덤 위치로 이동하는 블록

랜덤(Random)은 '임의의', '무작위의', '무계획적인', '닥치는 대로'라는 뜻을 가진 영어 단어야.

 무작위 위치나 랜덤 위치로 이동하기를 선택하면 스프라이트를 이리저리 자유롭게 움직이도록 만들 수 있어요. 예상할 수 없는 위치로 불규칙하게 움직이는 거예요.

 무작위 위치, 랜덤 위치로 이동하기 블록을 비교해 보자.

❶ `클릭했을 때` 블록과 `무작위 위치로 이동하기` 블록을 연결하고 🏁을 클릭하여 고양이 스프라이트의 움직임을 확인해 봐. 어때? 고양이가 이리저리 마구 이동하지?

❷ `무작위 위치로 이동하기` 블록을 분리하고 `1초 동안 랜덤 위치로 이동하기` 블록을 연결해 봐. 🏁을 눌러 고양이 스프라이트의 움직임을 확인해 봐. 어때? 딱 1초 동안 고양이가 이리저리 움직이지?

 `무작위 위치로 이동하기` 블록은 예상되지 않는 위치로 스프라이트를 이동시키고, `1초 동안 랜덤 위치로 이동하기` 블록은 1초 동안 무작위의 위치로 움직이는 동선을 보여주는 블록이야.

❸ 스프라이트를 하나 더 추가해서 두 블록을 확실히 비교해 보자. 를 눌러 Dog1 스프라이트를 추가하고, `클릭했을 때` `무한 반복하기` `1초 동안 랜덤 위치로 이동하기` 블록을 연결해 스크립트를 만들어 봐.

❹ 다시 스프라이트1을 선택하고 `클릭했을 때` `무한 반복하기` `무작위 위치로 이동하기` 블록을 연결해 스크립트를 만들어 봐. 🏁을 클릭하면 두 스프라이트 움직임의 차이가 확실하게 보일 거야.

1초 기다리기 블록을 함께 연결하면 어떻게 될까?

❶ 스프라이트1의 `무작위 위치로 이동하기` 블록 아래에 `1초 기다리기` 블록을 연결해 봐.

❷ ▶을 클릭하고 고양이의 움직임을 확인해 봐.

❸ 차이점을 알겠니? 고양이의 움직임이 느려지긴 했지만, 강아지처럼 동선을 보여주진 않아. 두 블록의 쓰임이 확실히 다르지. 마법같은 효과를 나타내고 싶다면 `무작위 위치로 이동하기` 블록을, 부드럽게 이어지는 이야기를 표현하고 싶다면 `1초 동안 랜덤 위치로 이동하기` 블록을 사용하면 돼.

❹ 두 블록 모두 **무작위 위치, 랜덤 위치** 옆에 **화살표(▼)**가 표시되어 있어. 화살표를 클릭하면 다른 선택지들을 확인할 수 있지. 스프라이트1에서 `무작위 위치로 이동하기` 블록의 값을 **마우스 포인터로 이동하기**로 바꾸면 ▶을 클릭했을 때 스프라이트가 마우스 포인터의 위치를 따라오는 걸 확인할 수 있을 거야.

 무작위 위치, 랜덤 위치로 이동하기 블록의 다른 기능을 좀 더 알아보자.

❶ `무작위 위치로 이동하기` 블록 위에 `1초 기다리기` 블록을 연결해 봐. ▶을 클릭했을 때 고양이가 1초 기다린 후 무작위 위치로 이동하게 할 수 있어.

❷ `1초 기다리기` 블록을 삭제한 후 `무작위 위치로 이동하기` 블록의 값을 **Dog1로 이동하기**로 수정해 봐. ▶을 클릭하면 강아지가 움직이는 위치로 고양이가 계속 따라다닐 거야. `1초 기다리기` 블록을 다시 연결하고 고양이의 움직임이 어떻게 달라지는지 확인해 봐.

❸ 스프라이트1의 `Dog1으로 이동하기` 블록을 `무작위 위치로 이동하기` 블록으로 수정하고 Dog 1을 클릭해.

❹ Dog1의 `1초 동안 랜덤 위치로 이동하기` 블록 옆 화살표를 클릭해. 목록에서 보이는 **스프라이트1**은 **고양이 스프라이트**를 가리키는 이름이야. 이렇게 스프라이트가 추가되면 목록에는 현재 선택한 스프라이트를 제외한 나머지 스프라이트 이름이 떠.

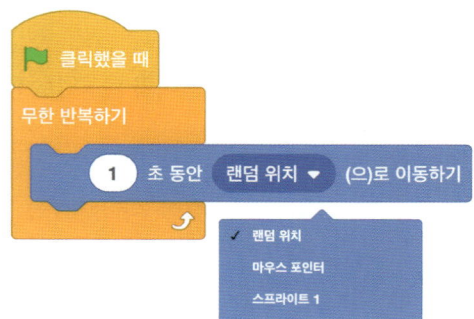

❺ 블록을 1초 동안 마우스 포인터로 이동하기로 수정해 봐. 을 클릭하면 강아지가 마우스 포인터를 따라다니는 걸 확인할 수 있어.

❻ 블록을 1초 동안 스프라이트1로 이동하기로 수정한 다음, 을 클릭하고 강아지의 움직임을 확인해 봐. 이전의 고양이 스프라이트처럼 딱 붙어다니진 않지? 속도를 더 빠르게 하면 딱 붙어 다닐지 확인해 보자. 블록을 0.5초 동안 스프라이트1 로 이동하기로 수정하고 을 눌러 확인해 봐.

속도가 빨라져도 시간의 차이일 뿐 딱 붙어 다니진 않아.

그럼 이제 **술래잡기**하는 스프라이트들을 만들어 볼까?

❶ 를 눌러 Bat(박쥐) 스프라이트와 Chick(병아리) 스프라이트를 추가해.

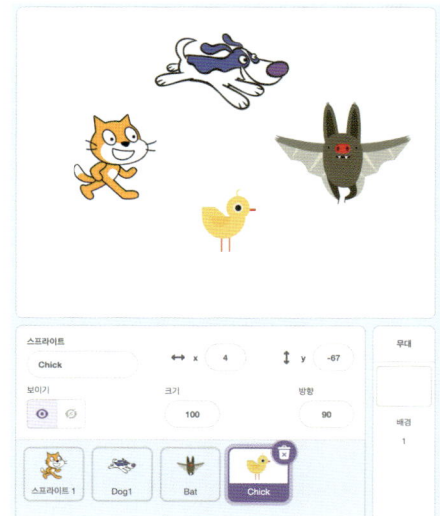

❷ **스프라이트1**을 선택하고, **무작위 위치로 이동하기**를 무한 반복하는 스크립트를 만들어 보자.

❸ Dog1 스프라이트가 1.5초 동안 **스프라이트1로 이동하기**를 무한 반복하는 스크립트를 만들어 보자.

❹ Bat 스프라이트가 2초 동안 Dog1 스프라이트로 이동하기를 무한 반복하는 스크립트를 만들어 보자.

❺ Chick 스프라이트가 2.5초 동안 Bat 스프라이트로 이동하기를 무한 반복하는 스크립트를 만들어 보자.

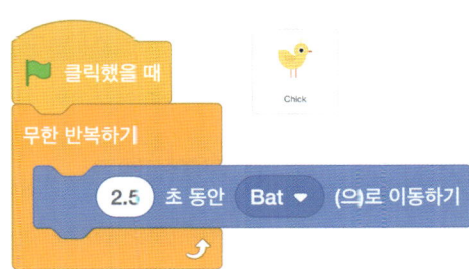

❻ ▶을 눌러 스프라이트들의 움직임을 확인해 보고, 이동하는 시간을 직접 바꿔 보면서 스프라이트들의 움직임이 어떻게 달라지는지 확인해 봐.

오늘의 코딩 핵심 정리

◆ **무작위 위치로 이동하기 블록**

예상되지 않는 **무작위 위치**로 스프라이트 이동

◆ **1초 동안 랜덤 위치로 이동하기 블록**

입력한 시간(1초) 동안 예상되지 않는 **무작위 위치**로 스프라이트 이동

◆ **블록 옆 화살표 ▼**

각 블록 옆 **아래로 화살표**를 눌러서 블록의 **쓰임에 맞게 선택**하여 코드를 완성할 수 있어요.

나의 코딩 노트

05 X와 Y 좌표값으로 이동하기

영상QR코드

▼ 좌푯값의 의미를 알고, 스프라이트가 지정한 좌표로 이동하도록 코딩해요.

처음 만나는 블록

팔레트	블록	블록 설명
동작	x: 20 y: 0 (으)로 이동하기	스프라이트가 입력한 좌표로 이동하는 블록
	1 초 동안 x: 20 y: 0 (으)로 이동하기	스프라이트가 입력한 시간 동안 입력한 좌표로 이동하는 블록

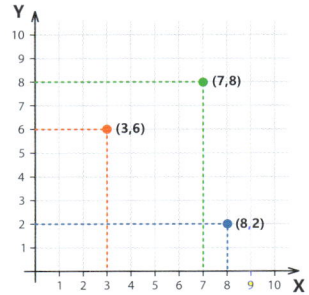

좌표는 직선 · 평면 · 공간에서 점의 위치를 나타내는 수의 짝을 말해. 보통 원점에서 직각으로 만나는 X축과 Y축으로 표현하지.

 코딩할 때 우리 눈에 보이지 않지만 배경에 실제로 정해진 **좌표의 값**들이 있어요. 스크래치에서도 가로(왼쪽-오른쪽)를 **x 좌표**, 세로(위쪽-아래쪽)를 **y 좌표**로 정해 놓았어요.

 x와 y의 의미에 대해 알아볼까?

❶ 우리가 사용하는 스크래치 3.0 버전은 x 좌표의 양 끝이 −240부터 240, y 좌표의 양 끝이 −180부터 180까지야.

❷ 좌표는 배경에서 **Xy-grid**를 불러오면 볼 수 있어.

❸ 스프라이트가 위치한 곳은 x:0, y:0으로 좌표의 가운데야. `10만큼 움직이기` 블록을 사용할 때 오른쪽으로 이동하려면 값을 양수로, 왼쪽으로 이동하려면 음수로 변경한 이유지.

❹ 좌표 중심에서 오른쪽과 위쪽은 **+(양수)**의 영역, 왼쪽과 아래쪽은 **−(음수) 영역**이라고 구분할 수 있어.

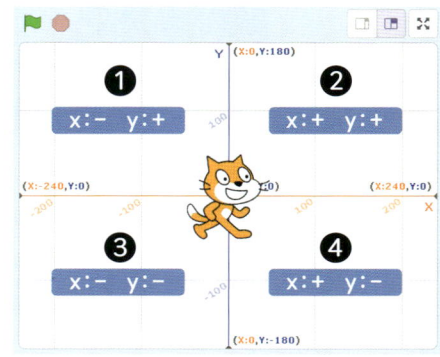

 스프라이트를 기준으로 왼쪽 x축의 값은 −(음수)이고 오른쪽 x축의 값은 +(양수)야. 스프라이트를 기준으로 아래쪽 y축의 값은 −(음수)이고, 위쪽 y축의 값은 +(양수)야.

 x와 y 좌표값으로 이동할 수 있는 블록을 활용해 보자.

❶ `x: y: (으)로 이동하기` 블록은 정해진 x, y 좌표로 스프라이트를 이동시키는 블록이야. 주로 스프라이트의 처음 위치를 설정할 때 많이 사용하지.

❷ `클릭했을 때` 블록 아래에 `x: y: (으)로 이동하기` 블록을 연결해서 스프라이트를 2번 영역으로 이동시켜보자. 2번 영역으로 가려면 x는 0~240 사이의 수를 고르고 y는 0~180 사이의 수를 고르면 되겠지? x:120, y:90으로 이동하기로 수정해 보자.

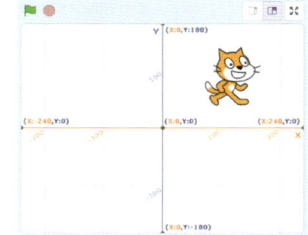

❸ 스크립트에 `1초 기다리기` 블록을 연결한 후 3번 영역으로 이동해 보자. 앞의 블록을 오른쪽 버튼을 눌러 복사하고 두 값 앞에 모두 -를 붙인 후 연결해 봐. 🚩을 눌러 고양이 스프라이트의 움직임을 확인해.

❹ 같은 방법으로 스프라이트를 1번 영역, 4번 영역으로 이동시키는 스크립트를 만들어 봐.

❺ 스프라이트의 처음 위치였던 x:0, y:0을 기본 위치로 설정해 보자. `🚩클릭했을 때` 블록 바로 아래에 `x:0 y:0(으)로 이동하기` 블록을 연결하고 원래 위치로 좌표를 수정한 후 `1초 기다리기` 블록도 연결해.

❻ 🚩을 눌러 고양이 스프라이트의 움직임을 확인해 봐.

 이제 **1초 동안 x와 y 좌표값**으로 이동할 수 있는 블록을 활용해 보자.

❶ 기본 위치인 `x:0 y:0(으)로 이동하기` 블록만 그대로 두고 나머지 4개의 `x: y: (으)로 이동하기` 블록을 모두 `1초 동안 x: y: (으)로 이동하기` 블록으로 바꿔 보자. 좌표값은 그대로 다시 입력하면 돼. 블록에 1초 동안이라는 조건이 이미 있으니 `1초 기다리기` 블록은 삭제하면 되겠지? 🚩을 눌러 고양이 스프라이트의 움직임을 확인해.

❷ 고양이의 움직임의 차이가 보이니? 이번에는 고양이가 이동할 때의 동선이 눈에 보일 거야.

 지난 시간에 배운 `무작위 위치로 이동하기` 블록과 `1초 동안 랜덤 위치로 이동하기` 블록의 차이와 같은 원리야.

❸ `x: y: (으)로 이동하기` 블록과 `1초 동안 x: y: (으)로 이동하기` 블록을 이용해서 자유롭게 스크립트를 작성해 봐. 블록을 꺼내오기 전에 이동해야 할 위치로 고양이를 옮겨놓으면 `x: y: (으)로 이동하기` 블록의 좌표가 자동으로 해당 위치의 좌표값으로 바뀌게 돼.

오늘의 코딩 핵심 정리

◆ 스크래치 3.0의 좌표

x 좌표 : **-240**에서 **240**, y 좌표 : **-180**에서 **180**

◆ x:0, y:0을 중심으로 한 4개 영역의 좌푯값

1번 영역 : x:- y:+   2번 영역 : x:+ y:+
3번 영역 : x:- y:-   4번 영역 : x:+ y:-

◆ 스프라이트의 좌표

스프라이트를 마우스로 옮기고 싶은 위치에 옮겨 놓으면 동작의 **x, y로 이동하기** 블록의 좌표가 스프라이트가 위치한 좌표로 바뀌어요.

나의 코딩 노트

----

06 90도 방향 보기

이번엔 스프라이트가 바라보는 **방향**을 정하는 블록에 대해 알아보아요.

영상QR코드

▼ 각도의 의미와 90도 방향 보기 블록에 대해 알아보아요.

처음 만나는 블록		
팔레트	블록	블록 설명
동작	90 도 방향 보기	스프라이트가 입력한 각도의 방향을 바라보도록 하는 블록

0도   90도

180도   270도

위쪽을 보고 있을 때는 0도,
오른쪽을 보고 있을 떠는 90도,
아래쪽을 보고 있을 따는 180도,
왼쪽을 보고 있을 때는 270도야.

 90도 방향 보기 블록은 스프라이트가 바라보는 **각도**에 대한 블록이에요.

 90도 방향 보기 블록의 값을 바꾸며 고양이의 위치가 어떻게 바뀌는지 확인해 보자.

❶ 배경에서 Xy-grid를 불러오고 클릭했을 때 블록과 90도 방향 보기 블록을 연결해 보자. 기본이 90도 방향으로 설정되어 있는 이유는 기본 스프라이트가 보고 있는 방향이 90도이기 때문이야. ▶을 눌러보면 고양이 움직임에 변화가 없는 것을 확인할 수 있을 거야.

❷ 블록의 값을 각각 **0도, 180도, 270도**로 바꾸고 ▶을 눌러 고양이 스프라이트의 움직임을 확인해 봐.

 '270'을 입력하니 값이 '-90'으로 바뀌지? 270도 방향은 반대 방향으로 90도 회전한 것과 같기 때문에 이렇게 표현할 수도 있어. 당황하지 마!

 고양이 스프라이트 4개를 만들어 방향의 차이를 한눈에 비교해 보자.

❶ 스프라이트1 을 클릭하고 클릭했을 때 x:0 y:0(으)로 이동하기 90도 방향 보기 블록을 연결해. 스프라이트1의 섬네일을 우클릭하여 스프라이트를 3개 더 복사해서 만들어. 스프라이트1의 코드까지 함께 복사되었니?

❷ 아래의 순서대로 블록 값을 입력해 봐.

[스프라이트 1]	[스프라이트 2]	[스프라이트 3]	[스프라이트 4]
좌표: x -120, y 90	좌표: x 120, y 90	좌표: x -120, y -90	좌표: x 120, y -90
방향: 0도	방향: 90도	방향: 180도	방향: 270도(-90도)

❸ 🚩을 눌러 고양이 스프라이트의 움직임을 확인해 봐. 오른쪽의 그림처럼 고양이가 보이면 성공!

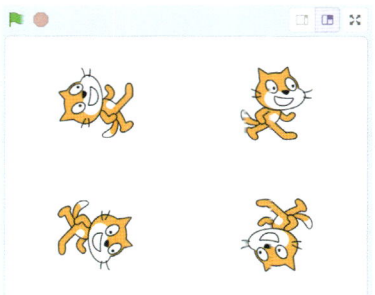

 숫자 8을 그리는 **고양이 스프라이트**를 만들어 보자.

❶ 고양이 스프라이트를 시작 지점인 왼쪽 상단으로 옮긴 후 `🚩 클릭했을 때` `x: y: (으)로 이동하기` 을 가져와 연결해. 고양이를 옮기면 좌푯값이 저절로 바뀌어.

❷ 고양이를 오른쪽 끝으로 옮기고 방향을 바꿔야 해. 우선 고양이를 옮기고 `1초 동안 x: y: (으)로 이동하기` 블록을 연결한 다음 `90도 방향 보기` 블록을 연결하고 아래쪽을 향하도록 블록값을 180으로 바꿔 줘.

❸ 고양이를 중간으로 옮기고 `1초 동안 x: y: (으)로 이동하기` 블록을 연결한 다음 `90도 방향 보기` 블록을 연결하고 왼쪽을 향하도록 블록값을 270(-90)으로 바꿔 줘.

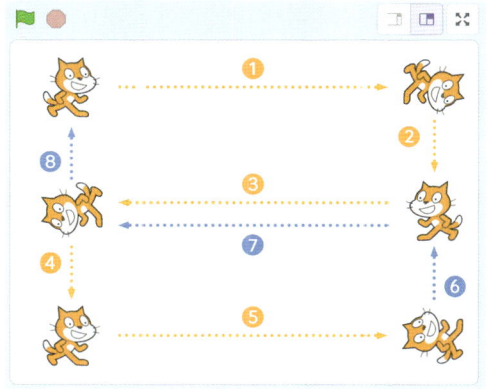

❹ 고양이를 왼쪽 끝으로 옮기고 `1초 동안 x: y: (으)로 이동하기` 블록을 연결한 다음 `90도 방향 보기` 블록을 연결하고 아래쪽을 향하도록 블록값을 180으로 바꿔 줘.

❺ 고양이를 왼쪽 아래로 옮기고 `1초 동안 x: y: (으)로 이동하기` 블록을 연결한 다음 `90도 방향 보기` 블록을 연결하고 오른쪽을 향하도록 블록값을 90으로 바꿔 줘.

❻ 🚩을 눌러 고양이가 왼쪽 상단 끝부터 오른쪽 하단 끝까지 2자 모양으로 움직이는지 확인해 봐.

❼ 이제 시작 시점으로 다시 돌아가야 해. 고양이를 위쪽 중간으로 옮기고 `1초 동안 x: y: (으)로 이동하기` 블록을 연결한 다음 `90도 방향 보기` 블록을 연결하고 왼쪽을 향하도록 블록값을 270(-90)으로 바꿔 줘.

❽ 고양이를 왼쪽 끝으로 옮기고 `1초 동안 x: y: (으)로 이동하기` 블록을 연결한 다음 `90도 방향 보기` 블록을 연결하고 위쪽을 향하도록 블록값을 0으로 바꿔 줘.

❾ 고양이를 시작 지점으로 옮기고 [1초 동안 x: y: (으)로 이동하기] 블록을 연결한 다음 [90도 방향 보기] 블록을 연결하고 블록값을 90으로 바꿔 줘. 그럼 고양이가 원래 방향을 보게 될 거야.

❿ 🏁을 눌러 고양이가 시작 지점으로 8의 모양을 그리며 제대로 돌아오는지 확인해 봐.

오늘의 코딩 핵심 정리

[90 도 방향 보기]

◆ **90도 방향 보기 블록**

스프라이트가 바라보는 **각도**에 대한 블록

◆ **270도 = -90도**

270도는 반대 왼쪽을 바라보는 각도로 −90도로도 표현할 수 있어요.

◆ **스프라이트 복사**

스프라이트 안에 포함된 **코드**까지 다 복사하려면 스프라이트의 **섬네일**에 마우스를 올려놓고 복사해요.

44

07  마우스 포인터, 스프라이트 쪽 보기

영상QR코드

▼ 스프라이트가 어떤 쪽을 바라보거나 그쪽으로 이동하는 방법에 대해 알아보아요.

처음 만나는 블록		
팔레트	블록	블록 설명
동작	마우스 포인터 ▼ 쪽 보기	스프라이트가 마우스 포인터 쪽을 보게 하는 블록
	스프라이트 1 ▼ 쪽 보기	스프라이트가 다른 스프라이트 쪽을 보게 하는 블록
	마우스 포인터 ▼ (으)로 이동하기	스프라이트가 마우스 포인터 쪽으로 이동하는 블록

스프라이트가 어떤 쪽을 바라보는 것과 그 쪽으로 이동하는 것은 달라. 두 블록을 잘 비교해 봐.

 마우스 포인터 쪽 보기 와 마우스 포인터(으)로 이동하기 블록의 차이점은 무엇일까요?

 마우스 포인터로 이동하기 블록을 활용해 보자.

❶ 클릭했을 때 블록 밑에 무작위 위치로 이동하기 블록을 연결하고 화살표를 눌러 **마우스 포인터**로 수정해 줘. ▶을 클릭해 고양이 스프라이트의 움직임을 확인해 보자. 고양이가 마우스 쪽으로 딱 붙어서 따라다녀. 무한 반복하기 블록을 씌우면 더 확실하게 알 수 있어.

❷ 클릭했을 때 블록 밑에 1초 동안 랜덤 위치로 이동하기 블록을 연결하고 화살표를 눌러 **마우스 포인터**로 수정해 줘. 무한 반복하기 블록까지 연결하고 ▶을 클릭해 봐. 고양이가 마우스 포인터로 이동하는 과정을 볼 수 있어.

 마우스 포인터 쪽 보기 블록을 활용해 어떤 차이가 있는지 비교해 보자.

❶ 클릭했을 때 블록 밑에 마우스 포인터 쪽 보기 블록을 연결하고 ▶을 클릭해 고양이의 움직임을 확인해 보자. 고양이 스프라이트가 뒤집힌 채로 **마우스 포인터**를 바라보고 있을 거야. 이유가 뭘까?

❷ 마우스 포인터를 ▶로 옮기기 때문에 고양이가 그쪽을 바라보게 되는 거야. 다시 고양이를 제자리로 돌려서 블록을 활용해 보자.

❸ 클릭했을 때 90도 방향 보기 x: y: (으)로 이동하기 블록을 연결한 후 좌푯값을 x:0, y:0으로 입력하고 ▶을 클릭해 봐. 고양이가 제자리로 돌아왔지?

❹ 클릭했을 때 와 마우스 포인터 쪽 보기 블록을 연결하고 무한 반복하기 블록을 씌워 줘. ▶을 클릭하면 고양이가 빙글빙글 돌면서 **마우스 포인터** 방향을 바라보는 걸 확인할 수 있어.

스프라이트 쪽 보기 블록을 활용해 보자.

❶ Apple 스프라이트를 추가하여 오른쪽 하단으로 옮겨. 고양이 스프라이트를 누르고 스크립터에서 마우스 포인터 쪽 보기 블록 옆 **화살표**를 클릭해 봐. 목록에 새 스프라이트의 이름 Apple이 추가되어 있는 걸 확인할 수 있을 거야.

 스프라이트가 추가되면 이 목록도 똑같이 추가돼.

❷ 화살표를 클릭하여 마우스 포인터 쪽 보기 를 Apple 쪽 보기로 바꿔 줘. 그 다음 🏁을 클릭해 고양이의 움직임을 확인해 보자.

❸ 이번엔 사과 스프라이트를 누르고 클릭했을 때 마우스 포인터 쪽 보기 블록을 연결해. 화살표를 클릭하여 마우스 포인터 쪽 보기 를 스프라이트1 쪽 보기로 바꿔 줘.

❹ 🏁을 클릭해 사과의 움직임을 확인해 보자. 사과가 고양이 쪽을 향해 움직였지? 그런데 사과도 처음 고양이처럼 고양이 왼쪽 위에 뒤집혀 있을 거야. 사과 스프라이트도 기본적으로 **90도 방향 보기**가 설정되어 있기 때문이야.

 ~쪽 보기 블록과 90도 방향 보기 블록의 차이는 무엇일까? 한 번 비교해 보자.

❶ **Xy-grid-30px** 배경을 가져와. **모양 탭**을 클릭하여 무대 정보창을 선택해. **채우기 색**에서 원하는 색을 고르고 **페인트 통**을 클릭해 봐. 이제 픽셀을 클릭하면 한 칸씩 색칠할 수 있어. 그림과 똑같이 색칠해 볼 수 있겠니?

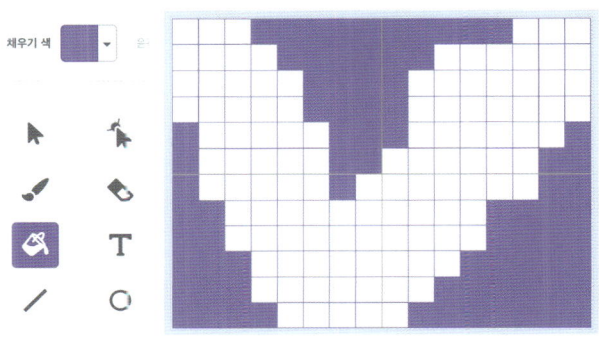

47

❷ Apple 스프라이트와 Bananas 스프라이트를 가져와. 각각의 스프라이트를 클릭하여 배경에 그림과 같이 옮겨 놓자.

❸ 고양이가 **사과** 쪽을 바라보면서 이동할 수 있도록 코딩해 보자. 우선 **고양이** 스프라이트 섬네일을 클릭하고 `클릭했을 때` `90도 방향 보기` `x: y: (으)로 이동하기` 블록을 연결해. 고양이는 이동하면서 각도가 변경될 예정이라 `90도 방향 보기` 블록을 연결한 거야.

❹ `마우스 포인터 쪽 보기` 블록을 가져와 Apple 쪽 보기로 수정한 후 스크립트에 연결해 줘.

❺ 고양이를 클릭해서 **사과** 쪽으로 옮기고 `1초 동안 x: y: (으)로 이동하기` 블록을 연결해 줘.

❻ 🏁을 클릭해 고양이의 움직임을 확인해 봐. 사과 쪽으로 이동하는 게 보이니?

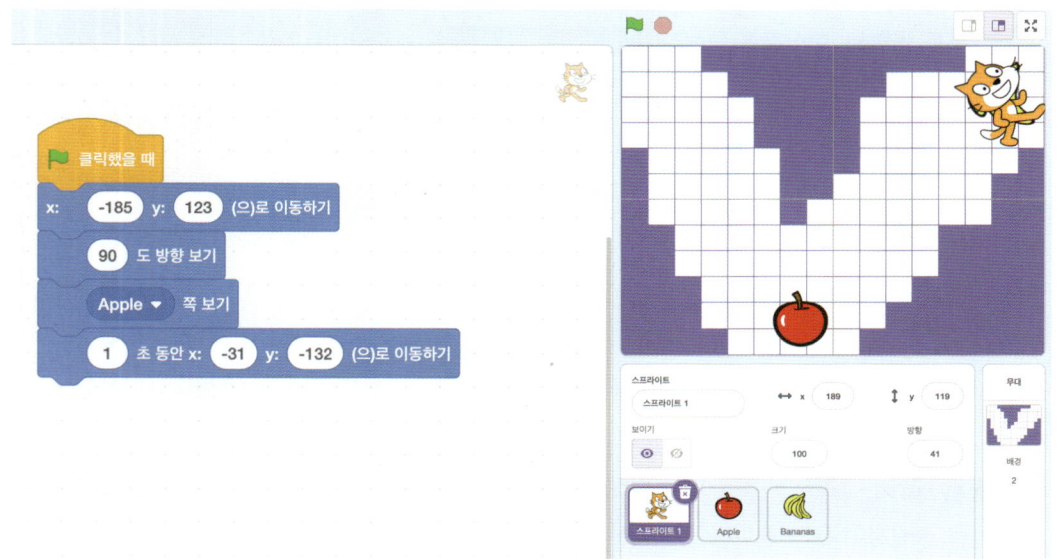

 `스프라이트 쪽 보기` 블록을 이용하면 각도를 일일이 지정해 주지 않아도 지정된 스프라이트 쪽을 바라보도록 방향을 저절로 잡아서 편리하게 코드를 만들 수 있어.

❼ 같은 방법으로 고양이가 바나나 쪽을 바라보면서 이동할 수 있도록 코딩해 보자. `마우스 포인터 쪽 보기` 블록을 가져와 Bananas 쪽 보기로 수정한 후 스크립트에 연결해 줘.

❽ 고양이를 클릭해서 **바나나** 쪽으로 옮기고 `1초 동안 x:  y:  (으)로 이동하기` 블록을 연결해 줘.

❾ ▶을 클릭해 고양이의 움직임을 확인해 봐. 사과를 거쳐 바나나 쪽으로 이동하는 게 보이니?

❿ `90도 방향 보기` 블록 아래에 `1초 기다리기` 블록을 연결해 주면 고양이가 기본 설정인 **90도 방향 보기**에서 시작하는 것을 확인할 수 있어.

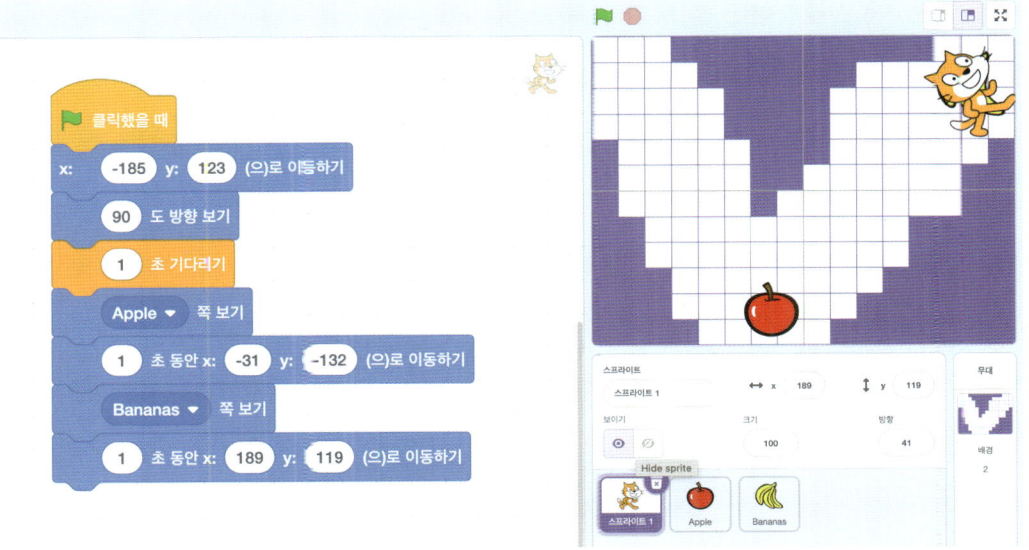

스프라이트의 방향을 설정하는 방법에 대해 이제 모두 배웠어!

오늘의 코딩 핵심 정리

◆ **마우스 포인터 쪽 보기 블록**

스프라이트가 바라보는 방향이 **마우스 포인터** 쪽을 향하게 설정하는 블록

◆ **스프라이트 쪽 보기 블록**

해당 스프라이트가 **지정된 다른 스프라이트 방향 쪽**을 바라보게 하는 블록. 각도를 일일이 지정해 주지 않아도 지정된 스프라이트 쪽으로 바라보기 때문에 편리하게 코드를 만들 수 있어요.

나의 코딩 노트

----

08  x, y 좌표 바꾸기와 정하기

영상QR코드

▶ 좌푯값 정하기 블록과 바꾸기 블록의 차이점에 대해 알아보아요.

팔레트	블록	블록 설명
동작	x좌표를 10 만큼 바꾸기	스프라이트의 x 좌표를 입력한 값만큼 바꾸는 블록
	y좌표를 10 만큼 바꾸기	스프라이트의 y 좌표를 입력한 값만큼 바꾸는 블록
	x좌표를 20 (으)로 정하기	스프라이트의 x 좌표를 입력한 값으로 정하는 블록
	y좌표를 0 (으)로 정하기	스프라이트의 y 좌표를 입력한 값으로 정하는 블록

처음 만나는 블록

스프라이트의 위치를 원하는 방향으로 **움직이도록** 하거나 아예 **지정할 수 있어**!

 `x 좌표를 ( )만큼 바꾸기` 와 `x 좌표를 ( )(으)로 정하기` 블록의 차이점은 무엇일까요?

 먼저 **x 좌표를 10만큼 바꾸기** 블록과 **10만큼 움직이기** 블록의 차이점을 알아보자.

❶ `x 좌표를 10만큼 바꾸기` 블록은 말 그대로 스프라이트가 **x 좌표로 10만큼 이동**하는 것을 의미해. 입력된 값이 **양수**인 경우에는 스프라이트를 **오른쪽**으로(숫자 앞에 기호가 붙지 않음), **음수**인 경우에는 **왼쪽**으로(숫자 앞에 – 기호가 붙음) 이동하게 만들 수 있어.

❷ `10만큼 움직이기` 와 `x 좌표를 10만큼 바꾸기` 블록의 차이는 뭘까? `클릭했을 때` 블록과 `x 좌표를 10만큼 바꾸기` 블록을 가져와 연결하고 값을 10 또는 –10으로 바꿔 보자.

❸ 을 클릭해 고양이의 움직임을 확인해 보자.

❹ 같은 방법으로 `클릭했을 때` `10만큼 움직이기` 블록을 연결하고 결과를 확인해 봐. 어때? 고양이가 움직이는 게 똑같아 보이지?

> 스프라이트가 바로 서 있는 상태에서는 결과가 똑같이 보여.

❺ `클릭했을 때` `오른쪽 방향으로 15도 돌기` 블록을 연결하고 을 한 번 클릭해 스프라이트의 **각도**를 변경해 줘.

❻ `오른쪽 방향으로 15도 돌기` 블록을 빼고 `x 좌표를 10만큼 바꾸기` 블록을 연결한 후 을 클릭해 스프라이트의 움직임을 확인해 봐. 같은 방법으로 `10만큼 움직이기` 블록도 연결하고 움직임을 확인해 봐.

❼ 이제 차이점이 뭔지 알겠니? `x 좌표를 10만큼 바꾸기` 블록을 연결하면 회전 방향과 상관없이 **가로**로만 움직이고, `10만큼 움직이기` 블록도 연결하면 회전 방향을 향해 **대각선**으로 움직여.

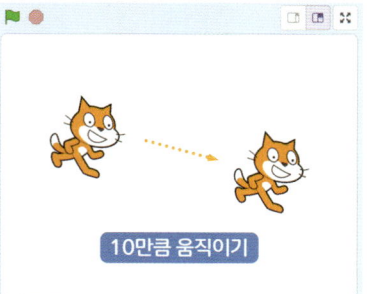

스프라이트를 추가하여 비교해 볼까?

❶ Chick 스프라이트를 추가하고 병아리를 클릭하여 고양이 스프라이트 옆으로 옮겨.

❷ 스프라이트1을 선택한 후 `90도 방향 보기` 블록을 이용해 원래 각도로 맞추고 병아리 왼쪽으로 옮겨 놓자.

❸ `클릭했을 때` `오른쪽 방향으로 15도 돌기` `10번 반복하기` `10만큼 움직이기` 블록을 연결하여 스크립트를 완성해. 회전 각도는 **60도**로 수정해 줘. 그럼 비교를 확실하게 할 수 있어.

❹ Chick 스프라이트도 같은 순서와 방법으로 스크립트를 만들어. 대신 `10만큼 움직이기` 블록만 `x좌표를 10만큼 바꾸기` 블록으로 바꿔 줘.

❺ 🚩을 클릭해 봐. 고양이와 병아리가 어떻게 움직이니?

두 스프라이트 모두 똑같은 각도로 회전시켰지? 하지만 🚩을 누르니 고양이는 회전한 방향으로 이동했고, 병아리는 회전 방향과 상관없이 일직선, x축 방향으로만 이동한 걸 확인할 수 있어.

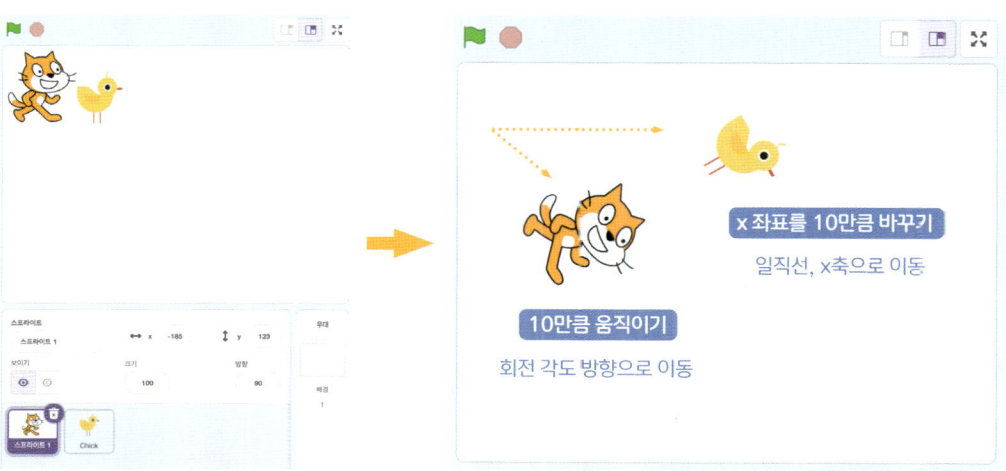

x 좌표를 0으로 정하기 블록은 뭐가 다른 걸까?

❶ 먼저 **스프라이트1**을 원래대로 돌려 보자. 고양이가 처음 위치로 돌아오려면 중앙에 놓이고 오른쪽 방향을 봐야 해. `클릭했을 때` `x:  y:  (으)로 이동하기` `90도 방향 보기` 블록을 연결하고, 좌푯값을 x:0, y:0으로 입력하자.

❷ 🏁을 클릭해 봐. 고양이가 제자리로 돌아왔지?

❸ **스프라이트1**의 코드를 삭제하고 다시 다음 블록들을 연결해 봐. `클릭했을 때` `오른쪽 방향으로 15도 돌기` `10번 반복하기` `10만큼 움직이기` `x 좌표를 0으로 정하기` 블록을 연결해. 회전 각도는 60도, x 좌표는 -90으로 수정해 줘. 앞서 만들었던 스크립트에 `x 좌표를 0으로 정하기` 블록을 하나 더 연결한 거야.

❹ 🏁을 클릭하고 고양이의 움직임을 확인해 봐. 고양이가 스크립트의 명령대로 움직인 후 **x 좌표**만 빠르게 -90으로 이동하는 걸 확인할 수 있을 거야.

 `x 좌표를 0으로 정하기` 블록은 스프라이트가 어디로 이동했는지와 관계없이 스프라이트의 x 좌표를 지정해 주는 블록이야.

 자, 그럼 이제 **좌표 바꾸기**와 **정하기** 블록을 비교해 보자.

❶ `y 좌표를 10만큼 바꾸기` 블록은 세로 방향으로 이동하는 블록이야. 값을 양수로 지정하면 위쪽으로, 음수로 지정하면 아래쪽으로 이동한다는 거, 기억하고 있지?

❷ **스프라이트1**을 선택하고 `클릭했을 때` 블록과 `y 좌표를 10만큼 바꾸기` 블록을 연결해.

❸ y 좌푯값을 -10으로 바꿔 줘.

❹ 🏁을 여러 번 클릭하면서 고양이의 움직임을 확인해 봐.

스프라이트가 **점프**한 후 다시 **제**자리로 돌아오도록 코딩해 볼까?

❶ 스프라이트1을 선택하고 `클릭했을 때` 블록과 `y 좌표를 10만큼 바꾸기` 블록을 연결해.

❷ 점프하는 것처럼 보이려면 위로 올라갔다 내려와야 해. 위, 아래로 움직이려면 y 좌표를 바꿔 주면 돼. 먼저 `y 좌표를 10만큼 바꾸기` 블록의 좌푯값을 50으로 수정해.

❸ `1초 기다리기` 블록을 연결하고 0.1초로 수정해. 이 블록을 연결하면 스프라이트가 올라가고 내려가는 모습이 잘 보일 거야.

❹ 다시 `y 좌표를 10만큼 바꾸기` 를 연결한 다음, 좌푯값을 -50으로 수정해.

❺ 🚩을 클릭하고 고양이의 움직임을 확인해 봐. 어때? 고양이가 점프하는 모습이 잘 보이니?

확실히 접수했다냥!
y 좌표 바꾸기 블록은
스프라이트의 회전 각도와 상관없이
세로축으로만 움직이는 블록이야!

맞아, 잘했어!
y 좌표 정하기 블록은
스프라이트가 어디에 있는지 상관없이
y좌표를 지정해 주는 블록이야!

오늘의 코딩 핵심 정리

◆ **x(y) 좌표를 10만큼 바꾸기 블록**

스프라이트가 회전 각도와는 상관없이 **가로(세로)축으로만** 움직이게 되는 블록

◆ **x(y) 좌표를 10으로 정하기 블록**

스프라이트가 어디로 움직였는지와 상관없이 스프라이트의 **x(y) 좌푯값을 정해주는** 블록

나의 코딩 노트

----

09  벽에 닿으면 튕기기, 회전 방식 정하기

스프라이트가 벽에 닿으면 튕기는 모습을 볼까요? 회전 방식도 정할 수 있어요.

영상QR코드

▼ 스프라이트가 벽에 닿으면 튕기게 하거나, 회전 방식을 정하는 방법에 대해 알아보아요.

팔레트	블록	블록 설명
처음 만나는 블록		
동작	벽에 닿으면 튕기기	스프라이트가 벽에 닿으면 튕기는 블록
	회전 방식을 왼쪽-오른쪽 ▼ (으)로 정하기	스프라이트의 회전 방식을 왼쪽-오른쪽으로 정하는 블록

스프라이트가 무대 밖으로 나가지 않고 **벽에 튕기는 블록**을 활용하면 재미있는 장면을 코딩을 할 수 있어!

'**벽**'은 무대 창의 끝을 말해요. 무대 사방 끝이 바로 벽이지요.

벽에 닿으면 튕기기 블록을 연결하면 어떻게 될까?

❶ `벽에 닿으면 튕기기` 블록을 이용하면 스프라이트가 벽에 닿으면 튕겨서 무대 밖으로 벗어나지 못하게 돼. 스프라이트가 무대 밖으로 사라지는 것을 막을 수 있지!

❷ 스프라이트가 무대 끝에 이르렀을 때 벽에 튕기는 모습을 확인해 보자. `클릭했을 때` `10번 반복하기` 블록을 연결하고 **반복하기** 블록 안에 `10만큼 움직이기` `벽에 닿으면 튕기기` 블록을 넣어 줘.

❸ 🚩을 클릭하고 고양이의 움직임을 확인해 봐. 고양이가 밖으로 나가지 않고 왔다갔다 할 거야.

이 블록을 이용하면 여기 저기 **튕기는 공**을 만들 수 있어!

❶ 기존 스프라이트를 삭제하고 Ball 스프라이트를 가져 와.

❷ `클릭했을 때` `오른쪽 방향으로 15도 돌기` `무한 반복하기` `10만큼 움직이기` `벽에 닿으면 튕기기` 블록을 이용해서 오른쪽과 같이 스크립트를 만들어 봐. 블록이 공을 회전하게 만들면 스프라이트가 벽에 부딪힐 때 회전각에 맞춰서 튕기며 여기 저기 튕기는 공을 만들어질 거야.

❸ 🚩을 클릭하고 공의 움직임을 확인해 봐.

회전 방식을 왼쪽-오른쪽으로 정하기 블록에 대해서 알아보자.

❶ 스프라이트 1 코드창에 `클릭했을 때` `무한 반복하기` 블록을 연결해.
❷ 반복하기 블록 안에 `10만큼 움직이기` `회전 방식을 왼쪽-오른쪽(으)로 정하기` `벽에 닿으면 튕기기` 블록을 넣어 줘.
❸ ▶을 클릭하고 고양이의 움직임을 확인해 봐.
❹ 스프라이트를 추가해 블록의 기능을 확인해 보자. **스프라이트 섬네일**에 마우스를 대고 오른쪽 버튼을 눌러 스크립트까지 모두 **복사해**.
❺ 복사한 스프라이트의 스크립트에서 `회전 방식을 왼쪽-오른쪽(으)로 정하기` 블록을 없애자.
❻ ▶을 클릭해서 두 스프라이트의 움직임의 차이를 확인해 봐.

 `회전 방식을 왼쪽-오른쪽(으)로 정하기` 블록은 스프라이트가 이동되어 벽에 튕겼을 때 뒤집어지지 않고 좌우 반전 효과를 주는 블록이야.

❼ 다시 `회전 방식을 왼쪽-오른쪽(으)로 정하기` 블록을 결합해. 화살표를 클릭하고 **회전하지 않기**를 선택한 후, ▶을 클릭해서 두 스프라이트의 움직임의 차이를 확인해 봐.

 `회전 방식을 회전하지 않기로 정하기` 블록은 스프라이트가 이동되어 벽에 튕겼을 때 방향을 바꾸지도, 뒤집어지지도 않고 스프라이트의 원래 방향인 '90도 방향보기'가 고정된 상태로 이동하는 블록이야.

❽ 이번엔 화살표를 클릭하고 **회전하기**를 선택한 후, ▶을 클릭해서 두 스프라이트의 움직임의 차이를 확인해 봐.

`회전 방식을 회전하기로 정하기` 블록은 원래 해당 블록을 쓰지 않았던 것처럼 스프라이트가 움직이게 하는 블록이야. '왼쪽-오른쪽으로 정하기', '회전하지 않기로 정하기' 블록을 사용한 후 원래대로 돌릴 때 사용할 수 있어.

스프라이트가 **왼쪽-오른쪽**으로 회전하다가 **원래대로** 회전하게 만들어 볼 수 있겠니?

❶ 스프라이트 2 코드창에 `클릭했을 때` `10번 반복하기` 를 연결하고 반복하기 블록 안에 `10만큼 움직이기` `벽에 닿으면 튕기기` 블록을 넣어 줘.

❷ `10번 반복하기` 블록의 값을 수정해 200번 동안 왼쪽-오른쪽으로 회전하게 해 줘.

❸ 같은 방법으로 200번 동안 원래대로 회전하도록 스크립트를 작성해.

❹ 🚩을 클릭하고 고양이의 움직임을 확인해 봐.

오늘의 코딩 핵심 정리

◆ 회전 방식을 왼쪽-오른쪽으로 정하기 블록

스프라이트가 이동되어 벽에 튕겼을 때 **좌우 반전 효과**를 주는 블록

◆ 회전 방식을 회전하지 않기로 정하기 블록

스프라이트가 이동되며 벽에 튕겼을 때 방향을 바꾸지도 뒤집히지도 않는, 스프라이트 원래 방향인 **90도 방향 보기로 고정**되어 이동되어 보이는 블록

◆ 회전 방식을 회전하기로 정하기 블록

회전 방식을 **왼쪽-오른쪽으로 정하기** 또는 **회전하기 않기** 블록을 쓴 후 원래 블록을 **쓰지 않았던 대로** 스프라이트가 움직이게 하는 블록

10 말하기, 생각하기

영상QR코드

▼ 원하는 블록값을 넣어 스프라이트가 말하고 생각하는 장면을 코딩해요.

팔레트	블록	블록 설명
처음 만나는 블록		
형태	`안녕! 을(를) 2 초 동안 말하기`	스프라이트가 안녕!을 2초 동안 말하는 블록
	`음... 을(를) 2 초 동안 생각하기`	스프라이트가 음…을 2초 동안 생각하는 블록
	`안녕! 말하기`	스프라이트가 안녕!이라고 말하는 블록
	`음... 생각하기`	스프라이트가 음…을 생각하는 블록

스프라이트도 말하고 생각하도록 코딩할 수 있어 모든 건 **명령**하기 나름이지

 형태 카테고리에는 스프라이트가 보여줄 수 있는 모습과 효과들이 모여 있어요.

 안녕을 2초 말하기 블록과 음…을 2초 생각하기 블록을 알아보자.

❶ `클릭했을 때` 블록과 `안녕을(를) 2초 동안 말하기` 블록을 연결한 후 ▶을 클릭하고 **스프라이트1**의 말풍선을 확인해 봐.

❷ **Dot** 스프라이트를 추가한 후 똑같이 스크립트를 만들어 줘.

❸ `안녕을(를) 2초 동안 말하기` 블록의 **2초**를 다른 숫자들로 바꾸고 ▶을 클릭하여 고양이의 말풍선과 차이를 확인해 봐.

 숫자를 '0' 또는 '음수'로 바꾸어도 말풍선이 순식간에 나타났다 사라질 뿐 아예 안 나타나진 않아.

❹ `안녕을(를) 2초 동안 말하기` 블록의 **안녕!**을 **나는 아지라고 해**로 변경하고 ▶을 클릭하여 확인해 봐.

❺ **스프라이트1**을 선택한 후 스크립트에서 `안녕을(를) 2초 동안 말하기` 블록을 빼고 `음…을(를) 2초 동안 생각하기` 블록을 연결해. ▶을 클릭하여 말풍선이 어떻게 달라지는지 확인해 봐.

 `음…을(를) 2초 동안 생각하기` 블록은 `안녕을(를) 2초 동안 말하기` 블록과 같은 원리로 말풍선만 다르게 보여.

고양이가 자기 소개를 하도록 스크립트를 만들어 보자.

❶ Dot 스프라이트를 삭제해. 이제 고양이가 중앙에 오도록 해볼까? 스프라이트를 클릭하여 옮겨도 되지만 `x: y: (으)로 이동하기` 블록을 연결하고 x:0, y:0으로 수정해 주면 정확하게 중앙으로 돌아갈 거야.

❷ `안녕을(를) 2초 동안 말하기` 블록을 결합하고 **안녕! 나는 냐옹쓰야**를 2초 동안 말하도록 수정해 줘.

❸ `안녕을(를) 2초 동안 말하기` 블록을 결합하고 **만나서 반가워. 너랑 말할 수 있게 돼서 너무 기뻐!**를 3초 동안 말하도록 값을 수정해 줘.

❹ 🏁을 클릭하여 고양이의 말풍선을 확인해 봐.

❺ `안녕을(를) 2초 동안 말하기` 블록에 다양한 내용을 원하는 대로 놓아 봐. 말하는 내용이 길어질 땐 말하는 시간을 늘려주면 좋아.

 안녕 말하기 블록과 음… 생각하기 블록을 알아보자. 말하는 시간이 주어지지 않는 블록이야.

❶ `🏁 클릭했을 때` 블록과 `안녕 말하기` 블록을 연결한 후 🏁을 클릭하고 스프라이트1의 말풍선을 확인해 봐. `안녕을(를) 2초 동안 말하기` 블록과 어떤 차이가 있을까?

❷ 말풍선이 사라지지 않지? `안녕 말하기` 블록과 `안녕을(를) 2초 동안 말하기` 블록은 시간이 흐른 후 말풍선이 그대로 남아 있는지 아닌지에 차이가 있어.

❸ `음… 생각하기` 블록과 `음…을(를) 2초 동안 생각하기` 블록도 같은 원리야.

고양이가 **움직이면서 말할 수 있도록** 코딩해 보자.

❶ 이번엔 스크립트를 하나 더 추가해 볼 거야. 기존의 스크립트를 그대로 두고 `클릭했을 때` `무한 반복하기` `10만큼 움직이기` `벽에 닿으면 튕기기` `회전 방식을 왼쪽-오른쪽(으)로 정하기` 블록을 연결하여 스크립트를 만들어 줘.

❷ ▶을 클릭하여 고양이의 움직임을 확인해 봐.

❸ `안녕 말하기` 블록과 `1초 기다리기` 블록을 번갈아 연결하며 스프라이트의 말풍선을 자유롭게 추가해 보자.

❹ ▶을 클릭하여 고양이가 벽에 부딪힐 때 말풍선도 같이 뒤집히는지 확인해 봐.

 `클릭했을 때` 의 병렬 구조는 우리가 내린 명령을 동시에 실행하면서 보여 줘.

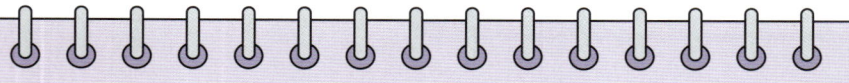

오늘의 코딩 핵심 정리

◆ **말하기와 생각하기 블록**

2초 동안 말하기, 생각하기 블록과 안녕을 말하기, 생각하기 블록의 차이는 시간이 흐른 후 **말풍선이 남아 있는지 아닌지**가 달라요.

◆ **클릭했을 때의 병렬 구조**

클릭했을 때가 포함된 스크립트를 두 개 이상 만드는 **병렬 구조**는 우리가 내린 명령을 동시에 실행되게 보여 줘요.

11  모양 탭, 모양 메뉴 설정하기

스프라이트의 **모양**과 **효과**에 변형을 줄 수 있는 **탭**과 **메뉴**에 대해 알아봐요.

영상QR코드

▼ 모양 탭과 모양 메뉴에 대해 알아보아요.

모양 탭은 스프라이트의 이름, 모양, 색, 크기 등 전반적인 스프라이트의 모양에 변화를 줄 수 있는 탭이야!

형태 카테고리를 200% 활용하려면 **모양 탭**과 **메뉴**에 대해 잘 알아야 해요.

먼저 **모양 탭**의 **기능**들을 차례로 알아보자.

❶  를 선택한 후 왼쪽 위의 **모양 탭**을 클릭하여 들어가 보자. 오른쪽과 같이 두 개의 **고양이** 스프라이트가 생겼을 거야.

❷ **모양**에서 스프라이트의 이름을 변경할 수 있어. 이름을 **냐옹쓰**로 수정해 봐.

 모양의 이름을 변경하는 것일 뿐, 스프라이트 자체의 이름이 변경되진 않아.

❸ **채우기 색** 옆 화살표를 눌러 색을 바꿀 수 있어. 화살표를 누르면 나오는 ■ ■ ● 을 이용해 **그라데이션** 방식도 설정할 수 있지. 왼쪽 하단 을 이용해서 **색깔 없음**을 설정할 수 있고, 오른쪽 하단 🎨 를 이용해 **마우스로 클릭**한 색을 쓸 수도 있어.

❹ **윤곽선 색** 옆 화살표를 누르면 테두리 색을 바꿀 수 있어. 그 옆에 나오는 숫자는 테두리의 굵기를 정하는 거야.

❺ 스프라이트에 변화를 준 것을 되돌리고 싶거나 실수를 했다면 를 눌러 변화를 주기 전 상태로 되돌릴 수 있어.

❻ 을 선택하고 고양이 스프라이트의 머리 부분을 클릭하면 눈, 코, 입 등 여러 도형이 **그룹화**된 상태인 것을 확인할 수 있을 거야. 를 클릭하면 그룹이 풀리고 여러 부분을 따로 클릭하여 변화를 줄 수 있어.

그룹화된 상태

❼ 다시 **그룹화**하고 싶다면 Shift 키를 누른 상태로 그룹화하고 싶은 부분들을 클릭하고 을 클릭하면 돼.

❽ 그럼 고양이의 머리 부분만 하나 더 만들어볼까? 고양이 스프라이트의 얼굴 부분을 선택한 후 를 누르고 배경을 한 번 클릭해. 그 다음 를 클릭해 봐. 어때? 선택했던 부분이 그대로 복사되었지? 만약 다시 지우고 싶다면 를 눌러 복사한 부분을 삭제하면 된다고!

❾ 고양이 스프라이트의 얼굴 부분을 선택한 후 를 클릭하면 선택한 부분이 **좌우반전** 되는 걸 확인할 수 있어. 를 클릭하면 **상하반전** 효과를 확인할 수 있지.

이제 **모양 탭**에서 **그림판** 기능을 사용해 보자.

❶ ▶ 을 선택하고 스프라이트에서 원하는 부분을 클릭하면 해당 부분을 선택할 수 있어.

❷ ▶ 를 선택하고 스프라이트에서 원하는 부분을 클릭하면 해당 부분에 점들이 생기고, 이 점들을 이용해 형태를 고칠 수 있어. **형태 고치기** 기능이야.

❸ 🖌 을 선택하고 채우기 색 ▮ 에서 원하는 색을 선택해서 스프라이트에 그림을 그릴 수 있어. 붓의 굵기는 🖌 10 에 원하는 값을 입력하여 조정하면 돼.

❹ 🧽 를 선택하고 원하는 부분을 지울 수 있어. 🧽 40 에서 지우개의 굵기를 선택할 수 있어.

❺ 🪣 를 선택한 후 스프라이트에서 원하는 부분을 선택하면 해당 부분이 **채우기 색**으로 색칠될 거야.

❻ T 를 선택한 후 아무 곳이나 클릭하면 텍스트를 입력할 수 있는 상자가 만들어질 거야. 한국어 ▼ 에서 글씨체를 변경할 수 있으며, 텍스트를 작성한 후 이동과 크기도 조정할 수 있어.

❼ ╱ 를 선택하면 **선**을 그릴 수 있어. 윤곽선 색 ▮ 1 에서 윤곽선 색과 굵기를 설정할 수 있어.

❽ ○ 를 선택하면 **원**을 그릴 수 있어. **채우기 색**과 **윤곽선 색**, **굵기**를 설정할 수 있지.

❾ ☐ 를 선택하면 **사각형**을 그릴 수 있어. 마찬가지로 **채우기 색**과 **윤곽선 색**, **굵기**를 설정할 수 있지.

 그림판을 이용하면 스프라이트의 겉으로 보이는 모양에 변화를 줄 수 있다는 걸 기억해!

벡터와 **비트맵**에 대해 들어본 적 있니? 개념을 알아보자.

❶ 왼쪽 하단의 비트맵으로 바꾸기 를 클릭하고 스프라이트의 도양이 어떻게 변하는지 확인해 보자. 모양이 선명하지 않고 지지직거리듯이 바뀌었지? 다시 벡터로 바꾸기 를 클릭해도 모양이 처음처럼 돌아오지 않아.

❷ **비트맵**은 **점**들의 조합이야. 그래서 크기를 늘리거나 줄이면 이미지가 변형될 수 있지만, 대신 이미지를 정교하게 고칠 수 있다는 장점이 있어.

❸ **벡터**는 **수학적 원리**로 그림을 그려 표현하는 방식이야. 이기지의 크기를 늘리고 줄여도 비트맵처럼 변형이 되진 않지만, 복잡한 그림을 표현할수록 용량이 커져서 컴퓨터에 부담을 주기 때문에 에러가 생길 수 있어.

스크래치의 스프라이트는 주로 벡터를 이용해서 만들어졌어.

❹ 비트맵은 어디서 주로 활용되는지 확인해 보자. 를 클릭하고 **Xy-grid-30px**를 선택한 후 **배경 탭**을 클릭해.

❺ 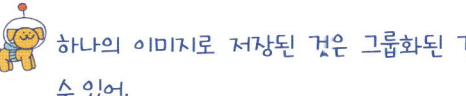 에서 원하는 색을 선택하고 배경의 네모 칸을 하나씩 클릭해 보자.

❻ 원하는 만큼 색칠한 후 벡터로 바꾸기 를 클릭하면 하나의 이미지로 저장된 걸 확인할 수 있어.

하나의 이미지로 저장된 것은 그룹화된 것처럼 이용할 수 있어.

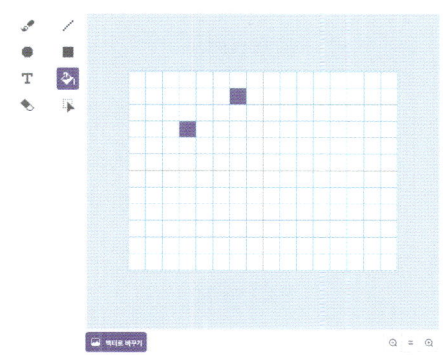

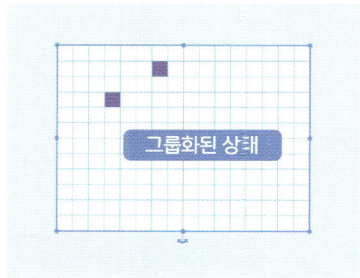

그룹화된 상태

모양 탭에서 **다른 모양**을 추가해 볼까?

❶ 을 눌러 Apple 스프라이트를 추가해.

❷ Apple 스프라이트 안에 또 다른 스프라이트를 추가할 수 있어. **모양 탭**을 클릭하고 왼쪽 하단의 을 눌러 원하는 스프라이트를 가져오자. 새로운 스프라이트가 추가된 게 아니라 Apple 스프라이트 내에서 새로운 모양이 추가된 걸 확인할 수 있을 거야.

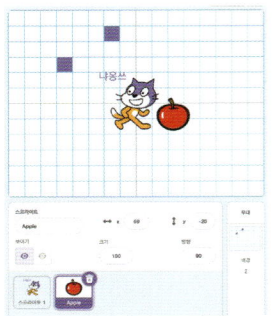
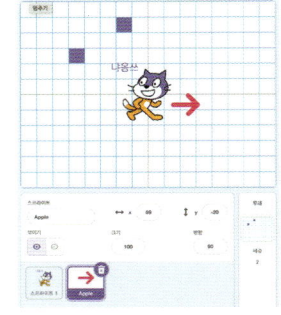

오늘의 코딩 핵심 정리

◆ 모양 탭

스프라이트의 이름, 모양, 색, 크기 등 전반적인 스프라이트의 모양에 변화를 줄 수 있어요. 만약 스프라이트에 변화를 준 것을 되돌리고 싶거나 실수를 했다면 를 눌러 변화를 주기 전 상태로 되돌릴 수 있어요.

◆ 그림판

그림판 툴을 이용하면 스프라이트의 겉에서 보이는 모양에 변화를 줄 수 있어요.

◆ 비트맵 & 벡터

비트맵은 이미지가 점들의 조합으로 이루어진 방식이고, **벡터**는 수학적 원리로 그림을 그려 표현하는 방식이에요.

12  스프라이트 모양 바꾸기

영상QR코드

▼ 모양 바꾸기, 다음 모양으로 바꾸기 블록으로 스프라이트를 다양한 모양으로 바꿔보아요.

처음 만나는 블록		
팔레트	블록	블록 설명
형태	모양을 모양2 ▼ (으)로 바꾸기	스프라이트의 모양을 모양2로 바꾸는 블록
	다음 모양으로 바꾸기	스프라이트의 모양을 다음 모양으로 바꾸는 블록

마우스로 모양 탭의 툴바를 사용해서 직접 스프라이트의 색도 바꾸고 모양도 변형할 수 있어.

 스프라이트의 모양에는 **번호**가 붙어 있어요. 그 번호를 이용해서 모양을 바꿀 수 있지요. 그럼 `모양을 모양2(으)로 바꾸기` 와 `다음 모양으로 바꾸기` 블록과의 차이점은 무엇일까요?

 모양을 모양2로 바꾸기, 다음 모양으로 바꾸기 블록에 대해 알아보자.

❶ `클릭했을 때` 블록과 `모양을 모양2(으)로 바꾸기` 블록을 연결하고 🏁을 클릭하여 **고양이** 스프라이트의 움직임을 확인해 봐. 고양이 스프라이트의 모양이 바뀌었니?

❷ `모양을 모양2(으)로 바꾸기` 블록에서 **모양2** 옆 화살표▼를 클릭하면 목록을 확인할 수 있어. 목록에서 **모양1**을 선택하고 다시 🏁을 클릭하여 스프라이트의 변화를 확인해 보자.

❸ **모양** 탭을 클릭하고 왼쪽 하단의 🐱을 눌러 Apple 스프라이트를 가져오자. `모양을 모양2(으)로 바꾸기` 목록에 Apple 스프라이트가 추가된 걸 확인할 수 있을 거야.

❹ 고양이 스프라이트를 Apple 스프라이트 모양으로 바꿔 보자. `1초 기다리기` 블록에 `모양을 모양2(으)로 바꾸기` 블록의 값을 **Apple로 바꾸기**로 수정하고 연결해. 🏁을 클릭하여 고양이가 사과로 모양이 바뀌면 성공!

 점프하는 발레리나를 만들어 보자.

❶ 고양이 스프라이트를 삭제하고 Ballerina 스프라이트를 추가해 보자. **모양** 탭에서 확인할 수 있어.

 고양이 스프라이트는 모양이 2개였지만 발레리나 스프라이트의 모양은 4개야. 이렇게 스프라이트들이 가지고 있는 모양의 개수는 모두 달라!

❷ Ballerina 스프라이트를 무대 중앙에 오게 하려면 어떻게 하면 될까? `클릭했을 때` 블록과 `x:0 y:0 (으)로 이동하기` 블록을 연결하고 🏳을 클릭하면 돼.

❸ `이 스프라이트를 클릭했을 때` 블록과 `모양을 모양2(으)로 바꾸기` 블록을 연결한 후 블록의 값을 **모양을 ballerina-b로 바꾸기**로 수정하자.

❹ `10번 반복하기` 블록과 `y좌표를 10만큼 바꾸기` 블록을 연결하고 스프라이트를 눌러 보자. 발레리나가 모양을 바꾼 후 계속 위로 올라가지? 그럼 이제 다시 아래로 내려오도록 코딩해야 해.

❺ `모양을 모양2(으)로 바꾸기` 블록을 연결하고 블록의 값을 **모양을 ballerina-c로 바꾸기**로 수정한 다음, `10번 반복하기` 블록과 `y 좌표를 10만큼 바꾸기` 블록을 연결하고 y 좌표값을 **-10**으로 수정해 줘.

❻ 마지막으로 `모양을 모양2(으)로 바꾸기` 블록을 연결하고 블록의 값을 **모양을 ballerina-d로 바꾸기**로 수정한 다음, 스프라이트를 클릭해 봐. 발레리나의 모양이 바뀌면서 점프했다가 제자리로 돌아오면 성공!

 고양이 스프라이트와 강아지 스프라이트가 서로 **경주**하도록 코딩해 볼까?

❶ `다음 모양으로 바꾸기` 블록은 주로 가지고 있는 모양이 2개뿐이거나 동작을 반복적으로 하는 스프라이트에 많이 사용해. 이 블록을 이용해서 고양이와 강아지가 경주하도록 코딩해 보자.

❷ 🐾을 눌러 Dot 스프라이트를 추가해. 고양이 스프라이트와 강아지 스프라이트를 각각 무대 왼쪽에 위, 아래로 이동시켜 출발 위치를 잡아 주자.

❸ **고양이** 스프라이트와 **강아지** 스프라이트를 각각 선택하고 아래와 같이 스크립트를 만들어 보자. X, Y 좌푯값은 저절로 지정되어 있을 거야.

❹ 🚩을 클릭하여 고양이와 강아지가 어떻게 움직이는 봐. 고양이는 다리가 보이지 않을 정도로 빠르게 앞으로 가고, 강아지는 앞, 뒤로 돌며 빠르게 앞으로 가는 모습이 보이지? 스프라이트들의 모양이 바뀌는 속도가 너무 빠르니 두 스프라이트 모두 `다음 모양으로 바꾸기` 블록 아래에 `1초 기다리기` 블록을 결합하고 다시 🚩을 클릭하여 움직임을 확인해 보자.

❺ 고양이와 강아지가 움직이는 모습이 잘 보이지? 그런데 고양이 스프라이트는 걸어가는 모양이지만, 강아지 스프라이트는 걸어가다가 계속 뒤를 돌아보는 걸 확인할 수 있을 거야. **모양 탭**에서 마지막 강아지의 모습을 바꿔 주자.

❻ **강아지** 스프라이트를 선택하고 **모양 탭**을 클릭해.

❼ **dot-d** 모양을 삭제한 후 다시 을 클릭하여 움직임을 확인해 보자.

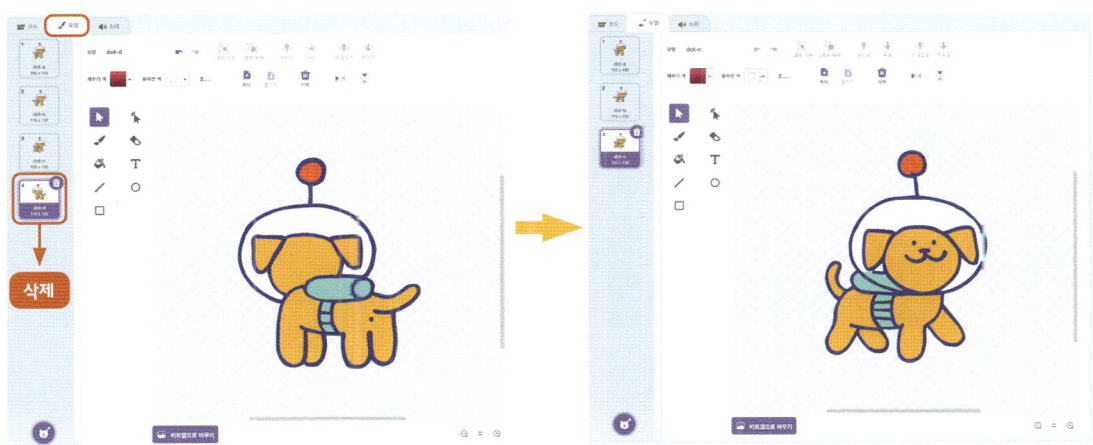

 `다음 모양으로 바꾸기` 블록으로 반복 효과를 주고 싶다면 모양 탭으로 가서 쓰지 않는 모양을 삭제하거나 순서를 바꾸면 돼!

스프라이트가 가지고 있는 모양을 블록으로 설정해서 동작의 생동감을 주고 스토리를 만들 수 있어!

맞아, 바로 그거야! 점점 내가 상상하는 것들이 그림에서 애니메이션으로 진화하는 거 느껴지니? 그만큼 실력도 쑥쑥 늘고!

오늘의 코딩 핵심 정리

◆ **모양을 모양2로 바꾸기 블록**

스프라이트의 표현에 따라 각각의 **모양**을 적절하게 **바꿔서** 보여 주는 블록

◆ **다음 모양으로 바꾸기 블록**

지금 선택된 블록에서 **다음 모양으로 선택**하는 블록. 두 개나 세 개를 건너뛴 다음 블록으로는 바로 보여질 수 없어요. **다음 모양으로 바꾸기 블록**으로 반복이 쓰고 싶다면 **모양 탭**으로 가서 쓰지 않는 모양을 **삭제**하거나 **순서를 바꾸면** 돼요.

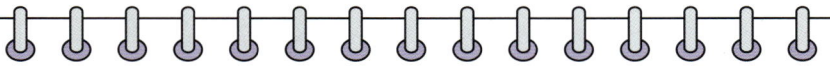

나의 코딩 노트

13 배경 바꾸기

▼ 다양한 배경들을 블록 코드로 어떤 변화를 줄 수 있는지 알아보아요.

팔레트	블록	블록 설명
형태	배경을 배경 1 ▼ (으)로 바꾸기	배경을 배경 1로 바꾸는 블록
	다음 배경으로 바꾸기	배경을 다음 배경으로 바꾸는 블록

스크래치의 **배경**이 가지고 있는 특징을 잘 알아야 해. 그러면 다양하게 활용할 수 있어.

 **배경**은 따로 움직임을 주지 않아 동작 블록이 필요하지 않아요.
그래서 배경을 선택하면 동작 블록이 사라진답니다.

 배경을 배경1로 바꾸기, 다음 배경으로 바꾸기 블록에 대해 알아보자.

❶ 화면 오른쪽 무대에서 **배경 1**을 클릭하고 **코드 탭**의 블록들의 변화를 확인해 보자. **배경 1**을 클릭하면 동작 카테고리에 블록들이 모두 사라져. 다른 카테고리에서도 배경에 불필요한 블록들은 사라질 거야.

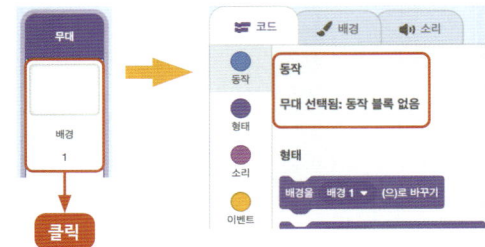

❷ 이번엔 **배경 탭** 을 클릭해 보자.

배경을 클릭하면 모양 탭이 사라지고 배경 탭이 생겨. 배경은 배경 그 자체로 마치 사진이나 그림처럼 하나의 이미지로 이루어졌기 때문에 모양을 바꿔줄 필요가 없기 때문이야.

❸ 화면 오른쪽 **무대 하단**의 을 클릭하고 원하는 배경을 선택해 봐. 스프라이트를 추가할 때와 다르게 배경 탭에 배경이 추가되었지?

❹ 이번엔 화면 왼쪽 **배경 탭 하단**의 을 클릭하고 원하는 배경을 선택해 봐. 어느 방법으로 배경을 추가해도 무대의 배경 섬네일 밑으로 추가되지 않고 배경 탭에 추가된다는 걸 알 수 있어.

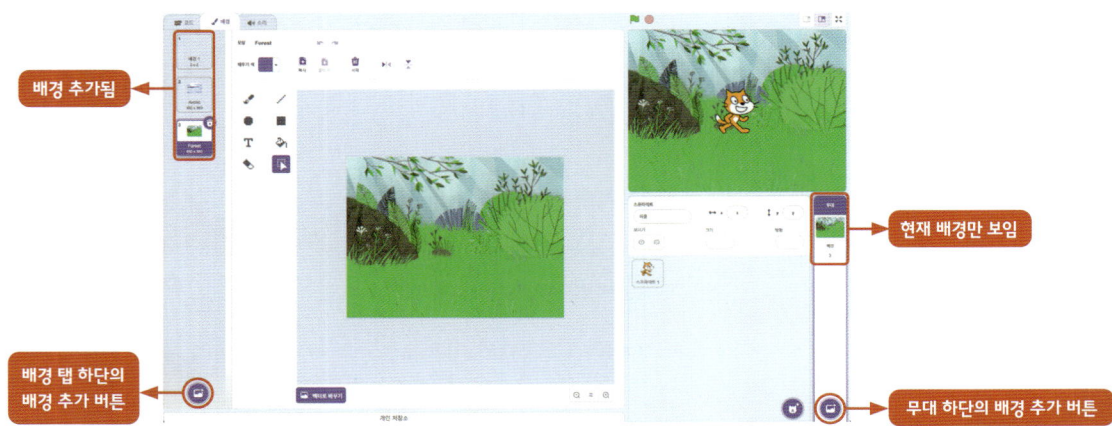

배경 바꾸기 블록을 이용해 간단한 이야기를 하나 만들어 볼까? 고양이가 밖에 나갔다가 너무 추워서 다시 집으로 들어온다는 설정으로 코딩을 해 보자.

❶ 고양이가 밖에 나갔다 들어오려면 집과 밖, 두 개의 배경이 필요하겠지? 먼저 무대 하단의 🖼 을 클릭하고 Bedroom 1 배경을 선택해.

❷ 고양이 스프라이트의 기본 위치를 설정해 주자. 고양이 스프라이트를 선택하고 `클릭했을 때` `배경을 배경1(으)로 바꾸기` `x:0 y:0 (으)로 이동하기` 블록을 연결해 줘. `배경을 배경1(으)로 바꾸기` 블록 값은 Bedroom 1로 바꾸기로 설정하면 돼.

❸ 고양이 스프라이트가 방향을 바꾼 후 밖으로 이동하게 해 주자. `음…을(를) 2초 동안 생각하기` 블록을 연결한 후 밖에 놀러나갈까?로 수정해 줘.

❹ `회전 방식을 왼쪽-오른쪽(으)로 정하기` `90도 방향 보기` `1초 기다리기` 블록을 연결하고, 90도를 -90도로 수정해 줘. 🏁을 클릭하여 고양이가 '밖으로 나갈까?'라고 생각하고 방향을 바꾸는지 확인해 봐.

❺ 이제 바깥 장면을 코딩해 보자. 🖼 을 클릭하고 Arctic 배경을 추가해 줘. 무대 창에서는 Arctic으로 배경이 바뀐 것처럼 보이지만, 스크립트 상에서는 바뀌지 않았을 거야. `배경을 배경1(으)로 바꾸기` 블록을 연결하고 Arctic로 값을 수정해서 실제로 변경해 주자.

❻ `90도 방향 보기` 블록을 결합해 고양이의 방향을 다시 바꿔 줘.

❼ `안녕! 을(를) 2초 동안 말하기` 블록을 연결한 후 으… 너무 춥다. 들어가야지!로 수정해 주자.

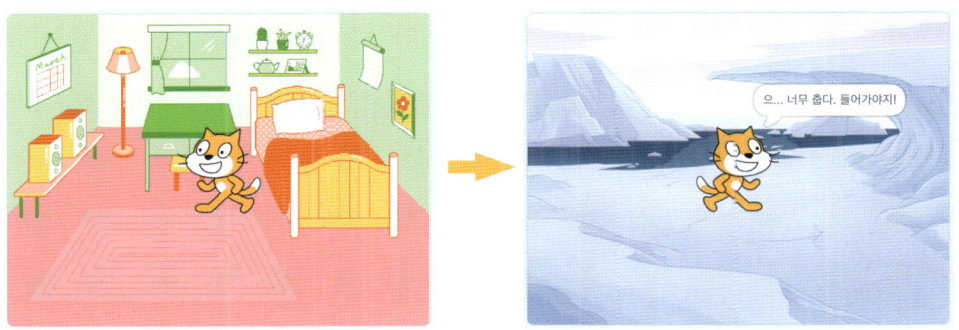

❽ `배경을 배경1(으)로 바꾸기` `안녕! 을(를) 2초 동안 말하기` 블록을 이용해 다시 Bedroom1로 돌아와서 **역시 난 집이 제일 좋아!**를 2초 동안 말하도록 스크립트를 만들어 봐.

❾ 🚩을 클릭하여 스프라이트의 움직임과 배경의 변화를 확인해 보자.

 고양이가 밤 거리를 뛰어가도록 코딩해 볼까?

❶ 무대 하단의 🖼 을 클릭하고 Night City를 추가해.

❷ 배경 탭에서 Night City 섬네일에 마우스를 올리고 오른쪽 버튼을 클릭해 복사해 줘. 그럼 똑같은 배경이 하나 더 생길 거야.

❸ 배경 1은 필요 없으니 삭제하자. 복사한 배경 Night City2를 선택하고 ▶◀ 를 클릭해 이미지를 **좌우반전**시켜.

❹ 고양이 스프라이트를 무대 중앙으로 이동시켜.

❺ 고양이 스프라이트를 선택하고 `클릭했을 때` `배경을 배경1(으)로 바꾸기` `x:0 y:0 (으)로 이동하기` 블록을 연결해 줘. `배경을 배경1(으)로 바꾸기` 블록 값은 Night City로 수정해 줘.

❻ 고양이가 **뛰어가는 모습**을 코딩하려면 어떻게 해야 할까? 고양이 모양이 계속 바뀌면 뛰는 것처럼 보일 거야. `다음 모양으로 바꾸기` 블록과 `무한 반복하기` 를 활용해 봐. 배경도 계속 바꿔주면 더 효과적이겠지? 다음과 같이 스크립트를 작성하고 🚩을 클릭하여 스프라이트의 움직임과 배경의 변화를 확인해 보자.

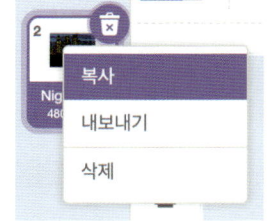

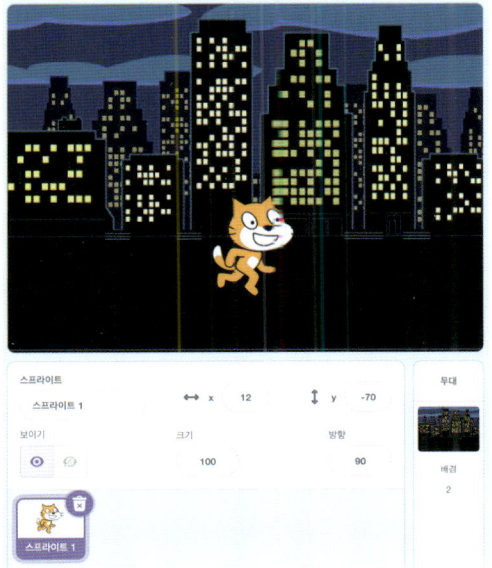
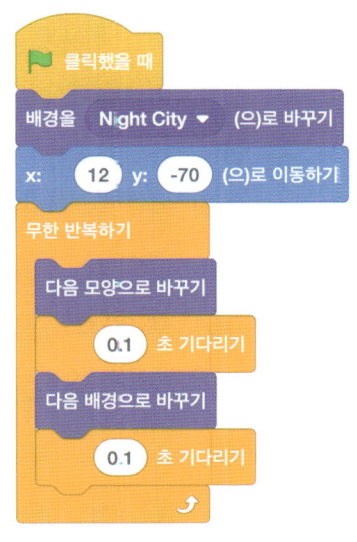

어때? 고양이가 밤 거리를 뛰어가는 것처럼 보이지? `다음 배경으로 바꾸기` 블록은 장면의 전환도 할 수 있지만, 이렇게 주인공 시점에서 마치 배경이 움직이는 것처럼 보이도록 할 수도 있어.

모양과 배경을 반복하여 바꾸는 것만으로 이렇게 재미있는 장면을 코딩할 수 있다니, 정말 놀라워!

결과를 보면 어렵게 느껴지지만, 그 과정을 차근차근 따져 보면 생각보다 쉽게 코딩할 수 있어!

오늘의 코딩 핵심 정리

◆ **배경 추가하기** 버튼

화면 오른쪽 무대 하단에 있는 **배경 추가 버튼**을 클릭하면 동작 카테고리의 블록들이 없어지며, 다른 카테고리에서도 배경에 불필요한 블록들이 사라져 **전체 블록 수**에 **변화**가 생겨요.

◆ 배경을 배경1로 바꾸기 블록

배경을 왔다갔다 바꿔 주면서 **장면 전환**을 할 수 있는 블록

◆ 다음 배경으로 바꾸기 블록

장면을 **전환**하거나 주인공 시점에서 배경이 **움직이는 것처럼** 바뀌게 할 수 있는 블록

나의 코딩 노트

14  스프라이트 크기 바꾸기

영상QR코드

▼ 크기를 10만큼 바꾸기, 크기를 100%로 바꾸기 블록으로 스프라이트의 크기를 바꿔요.

팔레트	블록	블록 설명
형태	크기를 10 만큼 바꾸기	스프라이트의 크기를 입력한 값만큼 바꾸는 블록
	크기를 100 %로 정하기	스프라이트의 크기를 입력한 %로 정하는 블록

스프라이트 하나의 크기를 바꿀 때는 직접 선택하여 크기를 조정하면 되지만, **여러 개**의 스프라이트 크기를 조정할 때는 **블록 코딩**이 필요해!

스프라이트의 크기를 바꾸는 방법에는 어떤 것들이 있을까?

❶ **모양 탭** 에서 을 클릭하고 **스프라이트 전체**를 선택해서 크기를 조정할 수 있어. 이 방법은 스프라이트의 모양이 1개일 때는 문제가 되지 않지만, 스프라이트가 가지고 있는 모양 모두를 사용하려면 각각 하나씩 클릭해서 조정해 줘야 한다는 불편함이 있어.

❷ 스프라이트 섬네일 위의 **상태 창**에서 크기를 변경해 줄 수 있어. 이 방법은 스프라이트가 가진 모든 모양을 **한 번에 일정한 크기로** 변경할 수 있지만, 스크립트가 실행되는 중간에 크기의 변화를 줄 수는 없어.

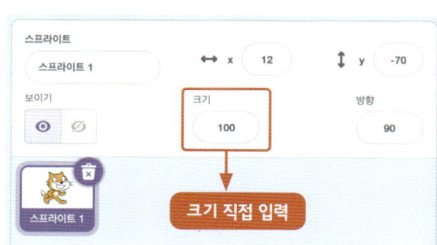

❸ `크기를 10만큼 바꾸기` 블록을 이용하면 위 두 방법의 문제를 모두 해결할 수 있어. 스프라이트 각각의 크기를 일정한 크기로 바꿔줄 수 있으며, 코드가 실행되는 중간에 스프라이트의 크기를 변경할 수도 있어서 매우 편리하지.

🐤 스프라이트의 크기를 바꿔주면 스프라이트의 이동에 따라 원근법을 표현할 수 있으며 크기 비교, 확대 등의 효과를 낼 수 있어.

 고양이 스프라이트가 **바다로 달려가도록** 코딩해 보자.

❶ 배경에 Beach Malibu를 추가하고 고양이 스프라이트를 왼쪽 아래로 이동시켜 줘.

❷ `클릭했을 때` 블록과 `x:0 y:0 (으)로 이동하기` 블록을 연결하여 **고양이 스프라이트의 기본 위치**를 설정해 주자. x, y 값은 저절로 바뀌어 있을 거야.

❸ 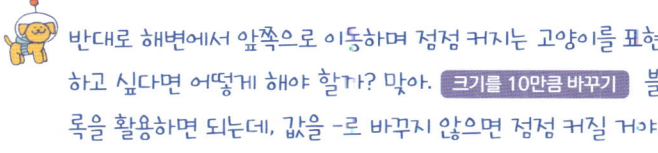 블록과 `1초 기다리기` 블록을 연결하고 블록의 값을 0.5초로 수정해.

❹ 고양이를 해변 쪽으로 이동시킨 후 `x:0 y:0 (으)로 이동하기` 블록을 연결해. 역시 x, y 값은 저쪽으로 설정되어 있어.

❺ 고양이가 멀리 이동한 만큼 작아보이도록 `크기를 10만큼 바꾸기` 블록을 연결한 후 블록의 값을 -10으로 수정해.

❻ 같은 방법으로 두 번 정도 더 움직이면서 해변까지 도착하도록 코딩해 보자. 🚩을 클릭하여 고양이의 움직임을 확인해 봐. 어때? 점점 작아지면서 해변 쪽으로 움직이는 고양이가 보이니?

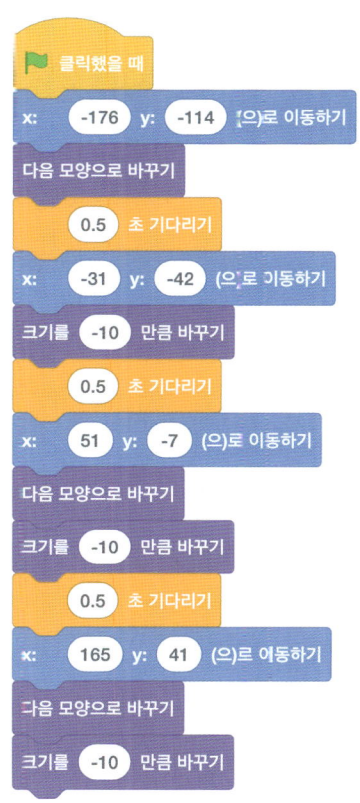

반대로 해변에서 앞쪽으로 이동하며 점점 커지는 고양이를 표현하고 싶다면 어떻게 해야 할까? 맞아. `크기를 10만큼 바꾸기` 블록을 활용하면 되는데, 값을 -로 바꾸지 않으면 점점 커질 거야.

 이번엔 **크기를 100%로 정하기** 블록에 대해 알아보자.

❶ 고양이 스프라이트 외에 원하는 스프라이트를 하나 추가한 후 스프라이트 섬네일 위의 상태 창을 확인해 봐. 두 스프라이트 모두 크기가 100으로 설정된 걸 확인할 수 있을 거야.

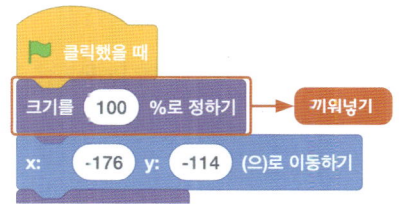

❷ 앞에서 만들었던 스크립트를 🚩을 클릭하여 다시 실행시켜 봐. 고양이의 크기가 처음으로 돌아오지 않고 자꾸 작아지지? 실행할수록 고양이는 점점 더 작아질 거야.

❸ `🚩 클릭했을 때` 블록 아래에 `크기를 100%로 정하기` 블록을 끼워 놓은 후 다시 🚩을 클릭하여 실행시켜 봐. 고양이가 처음 100의 크기로 되돌아와서 다시 점점 작아지는 걸 확인할 수 있어.

 `크기를 100%로 정하기` 블록은 스프라이트 크기를 기본 100으로 설정할 때 이용하면 돼.

하트가 심장이 뛰듯 두근두근 **커졌다 작아졌다** 하는 모습을 표현해 볼까?

❶ 심장이 뛰듯 두근두근하는 하트를 표현하려면 어떻게 해야 할까? 크기가 커졌다 작아졌다를 계속 반복하도록 코딩하면 되겠지?

❷ `클릭했을 때` 블록 아래에 `무한 반복하기` 블록을 연결해.

❸ `무한 반복하기` 블록 사이에 `크기를 100%로 정하기` 블록을 끼워 넣어.

❹ `1초 기다리기` 블록을 연결하고 블록의 값을 **0.5초**로 수정해.

❺ 다시 `크기를 100%로 정하기` 블록을 끼워 넣어. 블록의 값을 **200%** 로 수정해.

❻ `1초 기다리기` 블록을 연결하고 블록의 값을 **0.5초**로 수정해. 🏁을 클릭하여 하트의 모양이 어떻게 변하는지 살펴보자.

오늘의 코딩 핵심 정리

◆ **크기를 10만큼 바꾸기 블록**

스프라이트의 크기를 각각 **일정한 크기**로 바꿔줄 수 있으며, 코드가 실행되는 중간에 변경할 수 있는 블록

◆ **크기를 100%로 정하기 블록**

스프라이트 크기를 **100%**로 정하는 블록. 100%는 처음부터 기본 설정으로 가지고 있는 **원래의 크기**예요. 크기를 200%로 정한다는 것은 전체 크기를 2배 크게 해준다는 의미예요.

15 색깔 효과 바꾸기

색깔 효과 블록 코드가 모양 탭의 색갈 채우기와 어떻게 다른지 알아볼까요?

영상QR코드

▼ 스프라이트와 배경의 색깔을 바꾸거나 입력한 값으로 정해 보아요.

팔레트	블록	블록 설명
형태	색깔 ▼ 효과를 25 만큼 바꾸기	색깔 효과를 입력한 값으로 바꾸는 블록
	색깔 ▼ 효과를 0 (으)로 정하기	색깔 효과를 입력한 값으로 정하는 블록

색깔 효과 블록에 기본으로 입력된 수가 25라고 정해진 이유는 뭐지? 색깔도 숫자로 표현할 수 있을까?

색깔 효과의 개념과 **색깔 효과를 25만큼 바꾸기**에 대해 알아보자.

❶ 각각의 스프라이트는 처음에 보여지도록 설정되어 있는 색이 있어. 스크래치 3.0 프로그램에서 **색깔 효과**에 입력할 수 있는 수는 **-200부터 200 사이의 수**로 범위가 정해져 있어.

❷ 고양이 스프라이트를 기준으로 색깔 효과를 25만큼씩 올려서 입력해 볼까? 아래처럼 고양이의 색이 노란색에서 **연두색-초록색-하늘색-파란색-보라색-빨간색**의 순서로 변해가는 걸 볼 수 있을 거야.

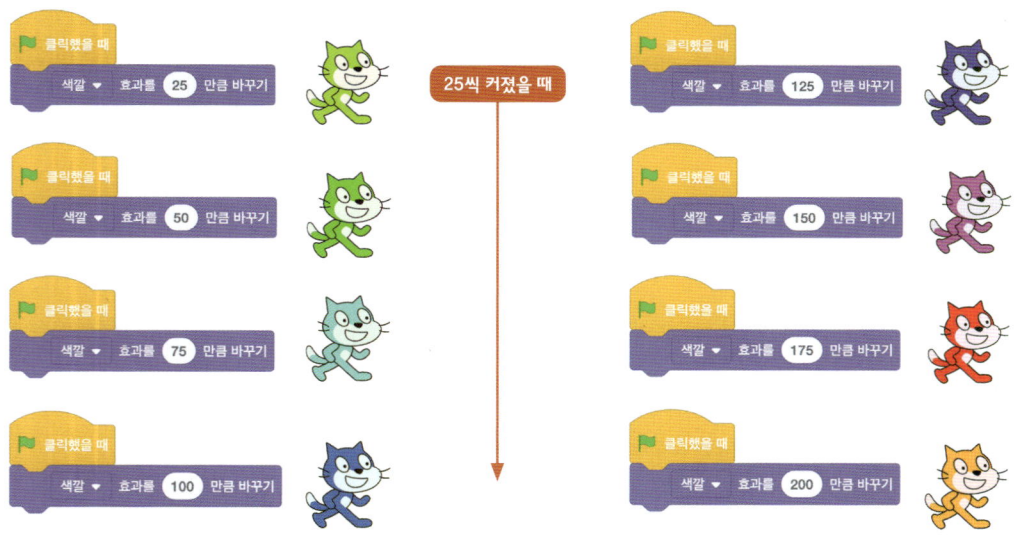

❸ 색깔 효과를 **1만큼씩 10번 반복**하는 것은 색깔 효과를 **10만큼 바꾼** 것과 같아. 아래 왼쪽 스크립트대로 실행해 보면 고양이의 색이 빠르게 바뀌는 것을 볼 수 있을 거야. 색깔 효과 10이 될 때까지 중간 과정의 색들이 보이는 거지.

배경도 색깔 효과를 줄 수 있을까?

❶ 배경에 **Blue Sky**를 추가하고, 배경의 코드를 작성해 보자.

❷ `클릭했을 때` 블록 아래에 `색깔 효과를 25만큼 바꾸기` 블록을 연결해.

❸ ▶을 클릭하여 **배경색**이 어떻게 바뀌는지 확인해 봐. 배경에 있는 각각의 색이 색깔 효과 영향을 받아 달라졌지?

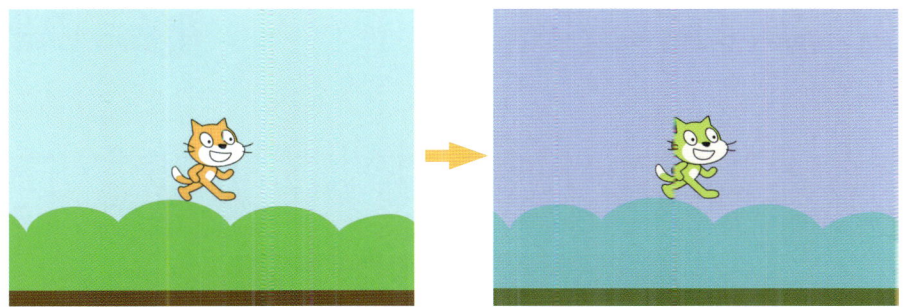

❹ 배경이 검은색일 때는 색깔 효과가 어떻게 나타날까? 배경에 **Stars**를 추가하고, 배경의 코드를 작성해 보자.

❺ `클릭했을 때` 블록 아래에 `색깔 효과를 25만큼 바꾸기` 블록을 연결해.

❻ 고양이 스프라이트에도 똑같은 스크립트를 만들어 주고 ▶을 클릭하여 고양이와 배경색이 어떻게 바뀌는지 확인해 봐. 검정으로 된 부분은 변하지 않지만, 별이 몰려 있는 부분은 색이 약간 바뀐 것을 느낄 수 있을 거야.

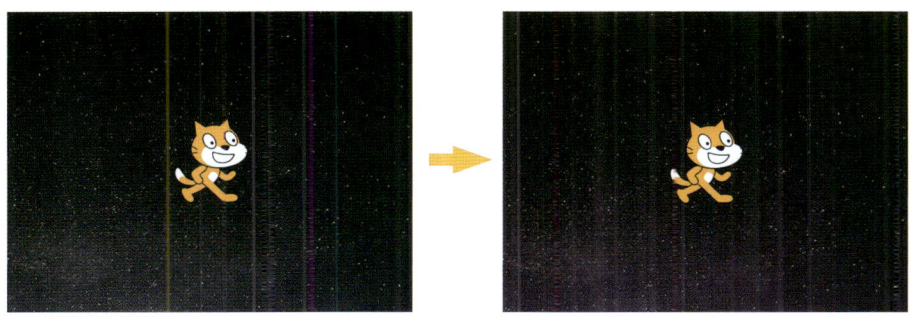

색깔 효과를 0으로 정하기에 대해 알아보자.

❶ 색깔의 0은 색을 없애는 것이 아니고 원래 색깔로 돌아가는 것을 의미해. 색깔 바꾸기 블록을 활용하여 코딩할 때 기초 설정에 `색깔 효과를 0으로 정하기` 블록을 넣어주고 시작하면 좋아. 그럼 시작할 때 처음의 색으로 돌아가니까 말야.

❷ `클릭했을 때` 블록 아래에 `색깔 효과를 0으로 정하기` 을 연결하고 `1초 기다리기` `색깔 효과를 25만큼 바꾸기` 블록을 두 번 연결하여 고양이 스프라이트의 색깔 변화를 살펴보자.

오늘의 코딩 핵심 정리

◆ **색깔 효과를 25만큼 바꾸기 블록**
색깔 효과를 25 범위만큼 바꿔주는 블록

◆ **색깔 효과를 0으로 정하기 블록**
원래 가지고 있는 색으로 돌아가게 해주는 블록

◆ **색깔 효과에 입력할 수 있는 수**
−200부터 200 사이의 수로 범위가 정해져 있어요.

◆ **색깔 효과 25만큼 바꾸기를 계속했을 때**
연두색−초록색−하늘색−파란색−보라색−빨간색의 순서로 변해요.

16. 어안렌즈, 소용돌이 효과로 바꾸기

영상QR코드

▼ 어안렌즈 효과를 25만큼 바꾸기, 소용돌이 효과를 25만큼 바꾸기 블록에 대해 알아보아요.

팔레트	블록	블록 설명
형태	어안 렌즈 ▼ 효과를 25 만큼 바꾸기	어안 렌즈 효과를 입력한 값만큼 바꾸는 블록
	소용돌이 ▼ 효과를 25 만큼 바꾸기	소용돌이 효과를 입력한 값만큼 바꾸는 블록
	어안 렌즈 ▼ 효과를 0 (으)로 정하기	어안 렌즈 효과를 입력한 값으로 정하는 블록
	소용돌이 ▼ 효과를 0 (으)로 정하기	소용돌이 효과를 입력한 값으로 정하는 블록

어안·렌즈, 소용돌이 효과라니…
정말 재미있는 기능들이 많구나!
마치 사진 앱과 같은 기능이야.

어안 렌즈 효과를 25만큼 바꾸기 블록에 대해 알아보자.

❶ 클릭했을 때 블록 아래에 색깔 효과를 25만큼 바꾸기 블록을 연결하고 **색깔** 옆 화살표를 눌러 목록에서 **어안 렌즈**를 선택해.

❷ ▶을 여러 번 클릭하여 **고양이** 스프라이트가 어떻게 변하는지 살펴봐. 고양이가 처음에는 모양이 변하지만, 색깔 효과처럼 입력한 숫자의 효과가 계속 더해지진 않지?

 어안 렌즈 효과란 물고기의 눈으로 봤을 때처럼 풍경이 둥그런 원형으로 보이는 것을 말해.

❸ 이번에는 **반복하기** 블록을 활용해 보자. 오른쪽과 같이 스크립트를 작성하고 ▶을 클릭하여 스프라이트의 변화를 확인해 봐. 변하는 과정을 보기 위해 1초 기다리기 블록도 연결해 보자.

 배경에도 **어안 렌즈 효과** 블록을 사용해 보자.

❶ 배경에 **Galaxy**를 추가하고 고양이 스프라이트를 오른쪽 아래로 이동시켜 줘.

❷ 배경 스크립트를 만들어 보자. 클릭했을 때 블록 아래에 색깔 효과를 25만큼 바꾸기 블록을 연결하고 **색깔** 옆 화살표를 눌러 목록에서 **어안 렌즈**를 선택해.

❸ 10번 반복하기 블록을 끼워넣고, **10번 반복하기** 블록 값을 5로 수정해. 1초 기다리기 블록도 연결하자.

❹ ▶을 클릭하여 고양이 스프라이트와 배경의 변화를 확인해 봐. 우주가 금방이라도 터질 것처럼 볼록하게 부풀어 오르지?

❺ 이번에는 `어안 렌즈 효과를 0으로 정하기` 블록을 활용해 보자. **이벤트** 카테고리에서 `스페이스 키를 눌렀을 때` 블록을 가져오고 `어안 렌즈 효과를 0으로 정하기`를 연결해.

❻ ▶을 클릭하고, **스페이스 키**를 눌러봐. 어때? 우주가 원래의 모습으로 되돌아오지?

 `어안 렌즈 효과를 0으로 정하기` 는 효과를 주었던 것을 원래대로 되돌리는 기능이 있어.

 소용돌이 효과를 25만큼 바꾸기 블록에 대해 알아보자.

❶ `클릭했을 때` 블록 아래에 `색깔 효과를 25만큼 바꾸기` 블록을 연결하고 **색깔** 옆 화살표를 눌러 목록에서 **소용돌이**를 선택해.

❷ ▶을 여러 번 클릭하여 고양이 스프라이트가 어떻게 변하는지 살펴봐. `색깔 효과를 25만큼 바꾸기` 블록은 다른 기능들에서도 여러 번 클릭한다고 변화가 더해지지 않아.

❸ 오른쪽과 같이 스크립트를 작성하고 ▶을 클릭하여 스프라이트의 변화를 확인해 봐.

배경에도 소용돌이 효과 블록을 사용해 보자.

❶ 배경에 **Neon Tunnel**을 추가하고 오른쪽과 같이 배경 스크립트를 만들어 보자.

❷ 🏁을 클릭하여 고양이와 배경의 변화를 확인해 봐.

❸ **이벤트** 카테고리에서 `스페이스 키를 눌렀을 때` 블록을 가져오고 `소용돌이 효과를 0으로 정하기`를 연결해.

❹ 🏁을 클릭하고, **스페이스 키**를 눌러봐. 배경이 원래 모습으로 되돌아 올 거야.

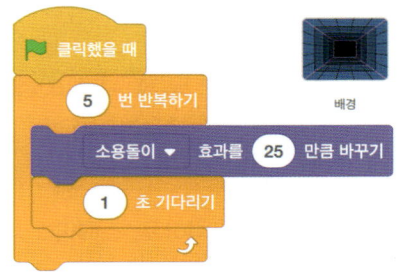

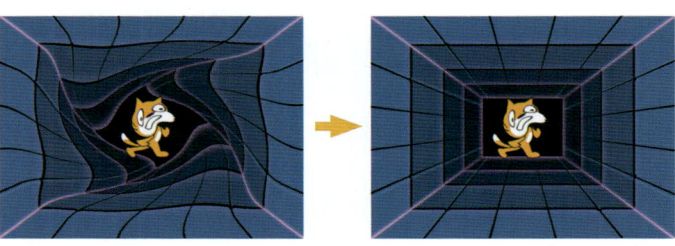

오늘의 코딩 핵심 정리

◆ **어안 렌즈(소용돌이) 효과를 25만큼 바꾸기 블록**

어안 렌즈(소용돌이) 효과를 **25** 범위만큼 바꿔주는 블록

◆ **어안 렌즈(소용돌이) 효과를 0으로 정하기 블록**

원래 모습으로 돌아가게 해주는 블록

17 픽셀화, 모자이크 효과로 바꾸기

▼ 픽셀화 효과를 25만큼 바꾸기, 모자이크 효과를 25만큼 바꾸기 블록에 대해 알아보아요.

처음 만나는 블록

팔레트	블록	블록 설명
형태	픽셀화 효과를 25 만큼 바꾸기	픽셀화 효과를 입력한 값만큼 바꾸는 블록
	모자이크 효과를 25 만큼 바꾸기	모자이크 효과를 입력한 값만큼 바꾸는 블록
	픽셀화 효과를 0 (으)로 정하기	픽셀화 효과를 입력한 값으로 정하는 블록
	모자이크 효과를 0 (으)로 정하기	모자이크 효과를 입력한 값으로 정하는 블록

이번엔 픽셀화와 모자이크 효과야.
이 효과에 대해 알려면
픽셀과 **모자이크**의 개념을 알아야 해.

 **픽셀화, 모자이크 효과**도 어안 렌즈, 소용돌이 효과와 같은 개념이에요.
단, 픽셀과 모자이크의 정의에 대해 정확히 아는 게 중요하겠지요.

 어안 렌즈 효과를 25만큼 바꾸기 블록에 대해 알아보자.

❶ 고양이 스프라이트를 선택하고 **모양 탭**에 들어가 하단의 **비트맵으로 바꾸기**를 클릭하고 스프라이트를 확대해 봐.

❷ 비트맵은 점들의 조합으로 그려지는 이미지 표현 방식이야. 그래서 이미지 크기를 늘리거나 줄이면 이미지가 깨지는 것처럼 변형될 수 있어. 기억나니?

❸ 오른쪽과 같이 스크립트를 작성하고 🚩을 클릭하여 스프라이트의 변화를 확인해 봐. 고양이가 지워지고 뭉개진 것처럼 고양이를 나타냈던 점들이 확실하게 보이지?

> 픽셀은 디스플레이를 구성하는 가장 작은 단위야. 아주 작은 네모 칸으로 각각 색을 내는 작은 점들이 모여 이미지를 만들어 보여주는 거야.

❹ 이번에는 **반복하기** 블록을 활용해 보자. 오른쪽과 같이 스크립트를 작성하고 🚩을 클릭하여 스프라이트의 변화를 확인해 봐. 변하는 과정을 보기 위해 `1초 기다리기` 블록도 연결해 보자. 고양이 모습이 어떻게 변하니? 픽셀들이 점점 커져서 고양이의 모습이 뭉개질 거야.

 '픽셀화 효과'란 원래 스프라이트가 가지고 있는 색의 픽셀 크기를 키우는 효과를 주는 거야.

배경에도 픽셀화 효과 블록을 사용해 보자.

❶ 배경에 Playground를 추가하고 고양이 스프라이트를 왼쪽 아래로 이동시켜 줘.

❷ 배경 스크립트를 만들어 보자. `클릭했을 때` 블록 아래에 `색깔 효과를 25만큼 바꾸기` 블록을 연결하고 **색깔** 옆 화살표를 눌러 목록에서 **픽셀화**를 선택해.

❸ `10번 반복하기` 블록을 끼워넣고 `1초 기다리기` 블록도 연결하자.

❹ ▶을 클릭하여 **고양이** 스프라이트와 **배경**의 변화를 확인해 봐. 이미지의 픽셀들이 커지던서 놀이터 배경이 점점 뭉개지는 것처럼 보이지?

❺ 이번에는 `픽셀화 효과를 0으로 정하기` 블록을 활용해 보자. **이벤트** 카테고리에서 `스페이스 키를 눌렀을 때` 블록을 가져오고 `픽셀화 효과를 0으로 정하기`를 연결해.

❻ ▶을 클릭하고, **스페이스 키**를 눌러봐. 어때? 놀이터가 원래의 모습으로 되돌아오지?

 `픽셀화 효과를 0으로 정하기`는 효과를 주었던 것을 원래대로 되돌리는 기능이 있어.

모자이크 효과를 25만큼 바꾸기 블록에 대해 알아보자.

❶ `클릭했을 때` 블록 아래에 `색깔 효과를 25만큼 바꾸기` 블록을 연결하고 **색깔** 옆 화살표를 눌러 목록에서 **모자이크**를 선택해.

❷ ▶을 여러 번 클릭하여 **고양이** 스프라이트가 어떻게 변하는지 살펴봐.

❸ 오른쪽과 같이 스크립트를 작성하고 ▶을 클릭하여 스프라이트의 변화를 확인해 봐.

🐤 모자이크는 여러 가지 작은 조각들을 모아 하나의 모양을 만드는 거야. 그래서 모자이크 효과 블록을 사용하면 스프라이트를 작은 모양의 패턴으로 바꿀 수 있어.

❹ 이번에는 **반복하기** 블록을 활용해 보자. 오른쪽과 같이 스크립트를 작성하고 ▶을 클릭하여 스프라이트의 변화를 확인해 봐. 변하는 과정을 보기 위해 `1초 기다리기` 블록도 연결해 보자. 고양이 모습이 어떻게 변하니? 고양이가 점점 작은 모양으로 쪼개지지?

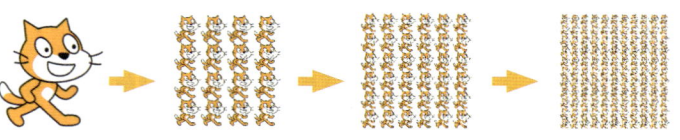

배경에도 **모자이크 효과** 블록을 사용해 보자.

❶ 배경에 Hearts를 추가하고 배경 스크립트를 만들어 보자. `클릭했을 때` 블록 아래에 `색깔 효과를 25만큼 바꾸기` 블록을 연결하고 **색깔** 옆 화살표를 눌러 목록에서 **모자이크**를 선택해. `10번 반복하기` 블록을 끼워넣고 값을 5로 수정한 후 `1초 기다리기` 블록도 연결하자.

❷ 이번엔 색깔 효과 블록도 함께 활용해 볼까? 오른쪽과 같이 색깔 효과를 25만큼 바꾸기 블록과 1초 기다리기 블록을 추가해 보자.

❸ 고양이 스프라이트를 클릭하고 코드를 모두 없애줘.

❹ ▶을 클릭하여 변화를 확인하 봐. 하트 배경이 점점 쪼개지면서 많은 하트 모양의 패턴 배경으로 바뀌는 것이 보이니? 거기에 배경의 색깔도 변하는 것을 볼 수 있을 거야.

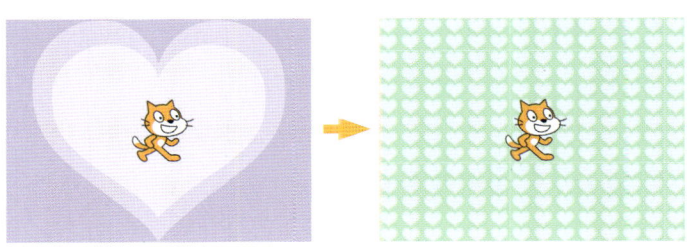

❺ 이번에는 모자이크 효과를 0으로 정하기 블록을 활용해 보자. 반복하기 기능도 조금 변형을 해보면 재미있을 거야.

❻ 먼저 오른쪽과 같이 10번 반복하기 블록 대신 무한 반복하기 블록을 끼워넣자.

❼ 이벤트 카테고리에서 스페이스 키를 눌렀을 때 블록을 가져오고 모자이크 효과를 0으로 정하기 를 연결해.

❽ ▶을 클릭하고, **스페이스 키**를 눌러봐. 어때? 색깔이 변한 상태에서 하트가 원래의 모습으로 되돌아오지? 하지만 무한반복하기 블록 때문에 배경은 계속 바뀌고 있을 거야.

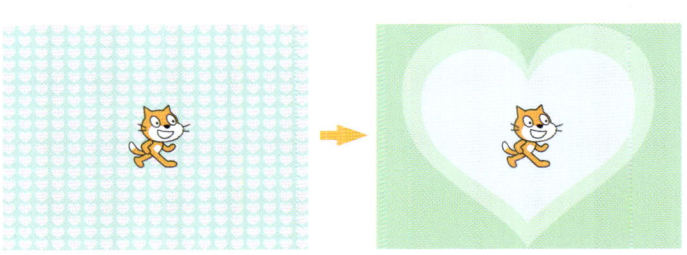

오늘의 코딩 핵심 정리

◆ **픽셀화 효과를 25만큼 바꾸기 블록**

원래 스프라이트가 가지고 있는 색의 픽셀 크기를 **키우는 효과**를 주는 블록

◆ **모자이크 효과를 25만큼 바꾸기 블록**

스프라이트를 **작은 모양의 패턴**으로 바꿔 주는 효과를 주는 블록

◆ **픽셀화(모자이크) 효과를 0으로 정하기 블록**

원래 모습으로 돌아가게 해주는 블록

◆ **픽셀**

디스플레이를 구성하는 **가장 작은 단위**. 아주 작은 네모 칸으로 각각 색을 내는 작은 점들이 모여 이미지를 만들어 보여주는 것

나의 코딩 노트

18  밝기, 투명도 효과로 바꾸기

색깔 효과 블록에는 **밝기**와 **투명도 효과** 기능도 있어요. 정말 재미있고 다양하죠?

영상QR코드

▼ 밝기 효과를 25만큼 바꾸기, 투명도 효과를 25만큼 바꾸기 블록에 대해 알아보아요.

팔레트	블록	블록 설명
형태	밝기 ▼ 효과를 25 만큼 바꾸기	밝기 효과를 입력한 값만큼 바꾸는 블록
	투명도 ▼ 효과를 25 만큼 바꾸기	투명드 효과를 입력한 값만큼 바꾸는 블록
	밝기 ▼ 효과를 0 (으)로 정하기	밝기 효과를 입력한 값으로 정하는 블록
	투명도 ▼ 효과를 0 (으)로 정하기	투명도 효과를 입력한 값으로 정하는 블록

처음 만나는 블록

이번엔 **밝기**와 **투명도 효과**야.
말 그대로 빛의 강도와 투명해지는 효과를
내는 신기한 블록들이지.

 밝기 효과를 쓰면 스프라이트의 색이 점점 옅어지는 걸 볼 수 있어요. 투명도 효과를 쓰면 스프라이트가 점점 투명해지는 걸 볼 수 있죠.

 밝기 효과를 25만큼 바꾸기 블록에 대해 알아보자.

❶ `클릭했을 때` 블록 아래에 `색깔 효과를 25만큼 바꾸기` 블록을 연결하고 **밝기**를 선택해.

❷ 🏴을 여러 번 클릭하여 **고양이** 스프라이트가 어떻게 변하는지 살펴봐. 고양이 스프라이트의 색이 점점 옅어지는 걸 볼 수 있지?

> 밝기 효과란 스프라이트에 빛을 강하게 내리쬐는 것처럼 스프라이트가 점점 밝아지는 효과가 있는 기능이야.

❹ 이번에는 **반복하기** 블록을 활용해 보자. 오른쪽과 같이 스크립트를 작성하고 🏴을 클릭하여 스프라이트의 변화를 확인해 봐. 고양이의 모습이 점점 사라져버리지?

> 스프라이트를 클릭하면 고양이를 움직일 수 있어. 우리 눈에 보이진 않지만, 여전히 스프라이트는 존재하는 거야.

 배경에도 밝기 효과 블록을 사용해 보자.

❶ 배경에 Night City를 추가하고 고양이 스프라이트를 아래로 이동시켜 줘.

❷ 배경 스크립트를 만들어 보자. `클릭했을 때` 블록 아래에 `색깔 효과를 25만큼 바꾸기` 블록을 연결하고 **색깔** 옆 화살표를 눌러 목록에서 **밝기**를 선택해.

❸ `10번 반복하기` 블록을 끼워넣고, 블록 값을 25로 수정해. `1초 기다리기` 블록도 연결하자.

❹ ▶을 클릭하여 **고양이** 스프라이트와 **배경**의 변화를 확인해 봐. 고양이와 배경의 색이 점점 옅어지더니 없어진 것처럼 보이지?

❺ 고양이의 **코드**는 삭제하고, 밝기 효과를 0으로 정하기 블록을 활용해 보자. **이벤트** 카테고리에서 스페이스 키를 눌렀을 때 블록을 가져오고 밝기 효과를 0으로 정하기 블록을 연결해.

❻ ▶을 클릭하고, **스페이스 키**를 눌러봐. 어때? 배경이 원래의 모습으로 되돌아오지?

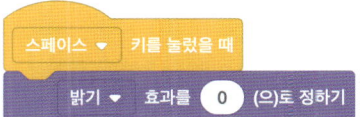

 밝기 효과를 0으로 정하기 는 효과를 주었던 것을 원래대로 되돌리는 기능이 있어.

 투명도 효과를 25만큼 바꾸기 블록에 대해 알아보자.

❶ **밝기** 효과와 **투명도** 효과는 어떤 차이가 있을까? 비교해 보기 위해 Ghost 스프라이트를 추가해 보자.

❷ 고양이 스프라이트와 Ghost 스프라이트를 클릭하여 각각 오른쪽과 같이 스크립터를 작성해.

❸ ▶을 클릭하여 스프라이트의 변화를 확인해 봐. a는 점점 밝아지는데, Ghost는 투명하지는 것을 볼 수 있지? 밝기와 투명도의 차이를 알 수 있겠니?

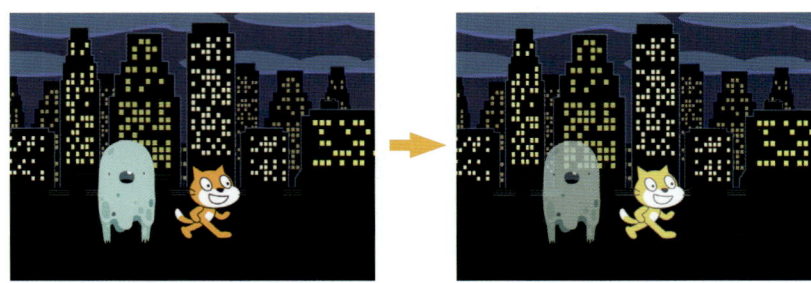

🐤 밝기 효과는 빛이 강해져 점점 하얀색으로 변하고, 투명도 효과는 색이 점점 엷어져 결국 투명하게 사라지는 효과를 내.

❹ 한번 더 확실하게 비교해 볼까? 이번에는 **반복하기** 블록을 활용해 보자. **고양이** 스프라이트와 **Ghost** 스프라이트를 클릭하여 각각 오른쪽과 같이 스크립터를 작성해.

❺ ▶을 클릭하고 **고양이** 스프라이트와 **Ghost** 스프라이트의 변화를 살펴보자. 어때? 밝기 효과를 준 고양이가 있던 자리는 하얗게 **고양이** 모양대로 변했고, **Ghost**는 점점 투명해지더니 없어졌지?

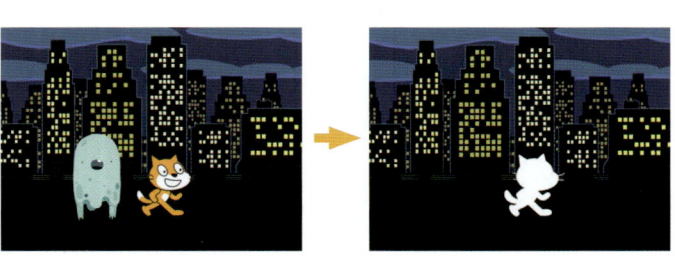

투명도 효과를 25만큼 바꾸기 는 스프라이트를 투명하게 해서 뒤에 배경이 비치는 효과를 줘.

104

배경에도 **투명도 효과** 블록을 사용해 보자.

❶ 배경 스크립트를 만들어 보자. `클릭했을 때` 블록 아래에 `색깔 효과를 25만큼 바꾸기` 블록을 연결하고 **색깔** 옆 화살표를 눌러 목록에서 **투명도**를 선택해.

❷ `10번 반복하기` 블록을 끼워넣고, 블록 값을 **5**로 수정해. `1초 기다리기` 블록도 연결하고, 블록 값을 **0.5**로 수정해.

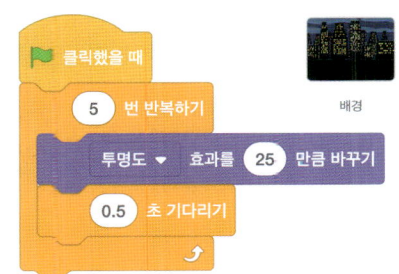

❸ 🚩을 클릭하고 배경의 변화를 살펴보자. 밝기 효과와 결과가 똑같아 보이지? 투명도와 어떤 차이가 있는 걸까?

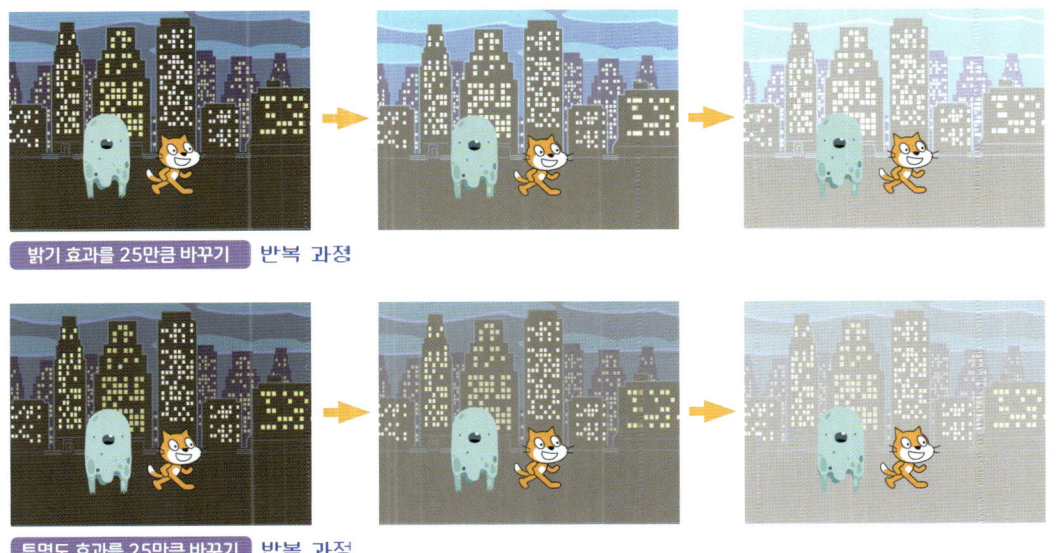

❹ **밝기** 효과는 색의 채도가 높아지면서 밝아져서 마치 동이 터오는 것 같은 느낌이지만, **투명도** 효과는 채도는 그대로인 상태에서 투명해지기 때문에 동이 터온다는 느낌 없이 사라지는 느낌이 들어.

❺ 이번에는 `투명도 효과를 0으로 정하기` 블록을 활용해 보자. **이벤트** 카테고리에서 `스페이스 키를 눌렀을 때` 블록을 가져오고 `투명도 효과를 0으로 정하기` 블록을 연결해.

❻ 🚩을 클릭하고, **스페이스 키**를 눌러봐. 어때? 배경이 원래의 모습으로 되돌아오지?

그래픽 효과 지우기 블록에 대해 알아보자.

❶ 오른쪽과 같이 배경 스크립트를 만들어 보자.

❷ 🏁을 클릭하여 고양이와 배경의 변화를 확인해 봐. 배경이 50 값으로 투명해졌다가 원래 모습으로 되돌아 올 거야.

 그래픽 효과 지우기 는 효과를 0으로 정하기 블록으로 효과를 없앴던 것처럼 배경을 원래대로 되돌려.

오늘의 코딩 핵심 정리

◆ **밝기(투명도) 효과를 25만큼 바꾸기 블록**

밝기(투명도) 효과를 **25**만큼 밝게(투명하게) 바꿔주는 블록

◆ **밝기(투명도) 효과를 0으로 정하기 블록**

밝기(투명도) 효과를 **0**으로 정하는 블록

◆ **그래픽 효과 지우기 블록**

원래 모습으로 **돌아가게 해주는** 블록

19 보이기, 숨기기

▼ 보이기, 숨기기 블록을 활용해 스프라이트를 무대에서 사라지도록 만들어 보아요.

처음 만나는 블록		
팔레트	블록	블록 설명
형태	보이기	스프라이트를 무대에서 보여주는 블록
	숨기기	스프라이트를 무대에서 보기지 않게 숨겨 주는 블록

보이기나 숨기기 블록은 스프라이트의 모습이 보이지 않을 뿐이지 삭제되거나 좌표가 바뀌게 하는 건 아냐.

숨기기, 보이기 블록에 대해 알아보자.

❶ `클릭했을 때` 블록 아래에 `숨기기` 블록을 연결하고 그 아래로 `안녕을(를) 2초 동안 말하기` `보이기` 블록을 연결해.

❷ 을 클릭해 봐. 아무것도 보이지 않지?

숨기기 블록을 쓰면 스프라이트는 물론 말하기나 생각하기 블록을 써도 말풍선이 보이지 않게 돼.

❸ 그럼 스프라이트는 보이지 않지만 말풍선이 보이게 하려면 어떻게 하면 될까? **모양 탭**을 클릭하고 모양 1을 복사해.

❹ 다시 모양 1을 클릭하고 고양이를 선택해서 삭제해. 그럼 모양 1이 텅 빈 것을 볼 수 있을 거야.

❺ 오른쪽과 같이 스크립트를 만들고 을 클릭해 봐. 어때? 고양이는 보이지 않고 말풍선만 보이지?

코드가 가진 명령어가 포함하고 있는 내용을 잘 파악하고 코드를 넣어야 해.

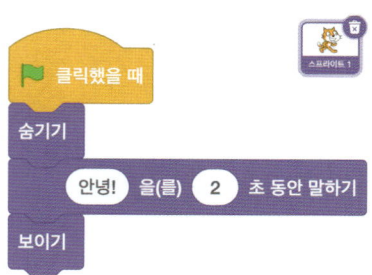

 숨기기, 보이기 블록을 활용하여 별이 반짝이는 장면을 코딩해 보자.

❶ 먼저 Stars 스프라이트를 추가하고 **고양이** 스프라이트는 삭제해.

❷ 오른쪽과 같이 스크립트를 만들자. `보이기` 와 `무한 반복하기` 블록은 연결하고 `숨기기` `0.5초 기다리기` `보이기` `0.5초 기다리기` 블록을 `무한 반복하기` 블록 안에 끼워 넣어.

❸ 을 클릭해 봐. 어때? 별이 반짝거리는 모습이 보이니?

숨기기, 보이기 블록을 활용하여 곰이 바나나를 먹는 장면을 코딩해 보자.

❶ 먼저 Bananas 스프라이트와 Bear-walking 스프라이트를 추가해.

❷ Bananas 스프라이트를 클릭하고 오른쪽과 같이 스크립트를 만들자. 곰이 다가오면 바나나가 사라지도록 코딩해.

❸ Bear-walking 스프라이트를 클릭하고 오른쪽과 같이 스크립트를 만들자. 곰이 1초 동안 바나나가 있는 곳으로 이동해 바나나를 먹는 것처럼 코딩하는 거야.

❹ 🏁을 클릭해 봐. 곰이 바나나가 있는 쪽으로 걸어가 바나나에 닿으면 바나나가 사라질 거야. 다시 🏁을 클릭하면 곰과 바나나가 처음 모습으로 다시 보이는 것을 확인할 수 있지?

 숨기기, 보이기 블록을 활용하여 냐옹쓰가 사랑을 전하는 장면을 코딩해 보자.

❶ 파일 메뉴에서 **새로만들기**를 선택하고 Dot 스프라이트를 추가해.

❷ Heart 스프라이트를 추가하고, 크기를 30으로 줄여줘. 고양이와 Dot, Heart 스프라이트를 오른쪽 화면과 같이 위치를 이동시켜 줘.

❸ Dot 스프라이트를 클릭하고 모양 탭에 가서 Dot을 선택하고 ▶◀를 눌러 반전시켜 줘. 반전된 Dot을 복사하고, 나머지 모양은 지우자.

❹ Dot-a2 스프라이트를 클릭하고 ✏️을 클릭하고 채우기 색 ▼을 붉은색으로 바꾼 다음 강아지 볼에 점을 찍어 주자.

❺ 고양이, Dot, Heart 스프라이트를 각각 클릭하고 아래와 같이 스크립트를 만들어 줘.

❻ ▶을 클릭해 봐. 고양이의 하트가 강아지에게 전달되는 게 보이니? 하트가 전달된 뒤 강아지의 볼이 상기된 것처럼 붉게 변한다면 코딩 성공!

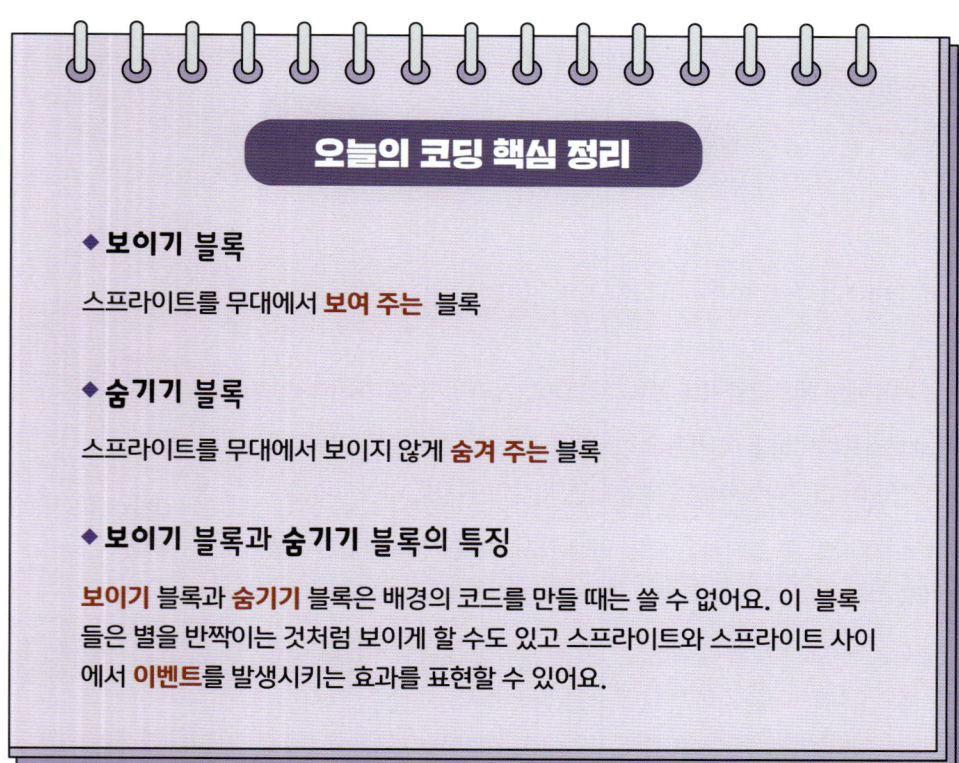

오늘의 코딩 핵심 정리

◆ **보이기 블록**

스프라이트를 무대에서 **보여 주는** 블록

◆ **숨기기 블록**

스프라이트를 무대에서 보이지 않게 **숨겨 주는** 블록

◆ **보이기 블록과 숨기기 블록의 특징**

보이기 블록과 **숨기기** 블록은 배경의 코드를 만들 때는 쓸 수 없어요. 이 블록들은 별을 반짝이는 것처럼 보이게 할 수도 있고 스프라이트와 스프라이트 사이에서 **이벤트**를 발생시키는 효과를 표현할 수 있어요.

20 순서 바꾸기

영상 QR코드

▼ 맨 앞쪽으로 순서 바꾸기, 앞으로 1단계 보내기 블록에 대해 알아보아요.

팔레트	블록	블록 설명
형태	맨 앞쪽 ▼ 으로 순서 바꾸기	스프라이트를 맨 앞으로 이동시키는 블록
	앞으로 1 단계 보내기	스프라이트를 1단계 앞으로 이동시키는 블록

오늘 배우는 블록들은
표현할 때 조금 불편했던 부분을
시원하게 해결해 주는 블록이야!

 **스프라이트**는 우리 눈에는 하나의 이미지로 보이지만, 사실은 여러 레이어가 합쳐져서 만들어진 이미지랍니다. 여러 개의 이미지가 겹쳐 하나의 이미지로 보이는 거예요.

 레이어와 맨 앞쪽으로 순서 바꾸기 블록에 대해 알아보자.

❶ **고양이** 스프라이트를 클릭하고 **모양 탭**에 들어가 고양이의 이미지가 어떻게 이루어져 있는지 살펴보자. 을 선택하고 고양이 이미지를 누르면 각 부분들이 선택될 거야. 꼬리 부분을 선택하고 (맨 앞으로)를 클릭해 보자. 보이지 않던 꼬리 부분이 앞으로 오는 걸 볼 수 있지?

 레이어는 하나의 이미지를 이루는 각각의 이미지가 겹겹으로 쌓여 있는 형태를 말해.

❷ 이번에는 스프라이트를 하나의 레이어로 가정하고, 서로 겹쳐졌을 때 순서를 바꿔보자. 먼저 Bear 스프라이트를 추가해. 그럼 오른쪽 화면처럼 보일 거야.

❸ 그럼 **고양이** 스프라이트가 앞으로 오도록 해볼까? 고양이 스프라이트를 클릭하고 클릭했을 때 블록 아래에 맨 앞쪽으로 순서 바꾸기 블록을 연결하고 을 클릭해 봐. 어때? 고양이가 앞으로 나왔지? 다시 뒤로 보내려면 블록 값을 뒤쪽으로 바꾸고 을 클릭하면 돼.

 맨 앞쪽으로 순서 바꾸기 블록은 다른 스프라이트와 겹쳐져서 표현될 때 그 어떤 스프라이트보다 앞쪽에 보여 주게 하는 블록이야.

앞으로 1단계 보내기 블록에 대해 알아보자.

❶ 고양이 스프라이트를 클릭하고 **모양 탭**에 들어가 꼬리 부분을 선택하고 (앞으로)를 클릭해 보자. 꼬리가 앞으로 나오는데, **맨 앞으로**를 클릭했을 때와 조금 다르다는 걸 알 수 있을 거야. 앞으로 버튼은 레이어를 한 단계 앞으로 오도록 만들어.

꼬리가 손보다는 뒤로, 허벅지보다 앞으로 나온 것을 볼 수 있어.

모양 탭의 버튼은 겹쳐진 이미지의 순서를 앞, 뒤로 바꾸는 버튼이 있어. 스프라이트 자체의 순서를 바꾸려면 블록을 활용해야 해.

❷ 이번에는 여러 개의 스프라이트가 서로 겹쳐졌을 때 순서를 정해 보자. 먼저 아래 순서대로 스프라이트를 추가해 보자. 그럼 오른쪽 화면처럼 보일 거야.

❸ 제일 작은 스프라이트는 맨 앞에, 크기가 커질수록 뒤에 가도록 순서를 정해 볼까? **고양이 - 공룡(Dinosaur2) - 곰(Bear) - 용(Dragon)**의 순서로 코딩해 보자. 지금 스프라이트 순서를 보면 **고양이**는 맨 뒤에 있기 때문에 **앞으로 3단계** 보내져야 하고, 곰과 공룡은 그대로 있어도 돼. 용은 **뒤로 2단계** 보내져야겠지?

❹ 오른쪽과 같이 스크립트를 만들고 🏁을 클릭해 봐. 크기가 작은 고양이부터 스프라이트가 차례로 배치되는 걸 확인할 수 있을 거야.

오늘의 코딩 핵심 정리

◆ **맨 앞쪽으로 순서 바꾸기 블록**

스프라이트를 **맨 앞(뒤)**으로 이동시키는 블록

◆ **앞으로 1단계 보내기 블록**

스프라이트를 앞(뒤)으로 **한 단계씩** 이동시키는 블록

◆ **레이어**

레이어란 하나의 큰 이미지를 이루는 각각의 이미지가 겹겹이 쌓여 층을 이루고 있는 형태를 말해요. 레이어들은 **거리의 멀고 가까움**을 표현할 수도 있고 깊고 얕은 깊이도 표현할 수 있어요.

◆ **스프라이트의 레이어**

스프라이트를 구성하는 신체 부분의 레이어 단계를 바꾸려면 **모양 탭**의 **맨 앞으로 (앞으로)** 버튼으로 설정합니다.

나의 코딩 노트

21  소리 탭 설정하기

이번엔 **소리 탭**에 대해 알아봐요.
코드 탭, 모양 탭처럼
다양한 기능을 가지고 있어요.

영상QR코드

▼ 소리 탭과 소리 에디터, 소리 리스트에 대해 알아보아요.

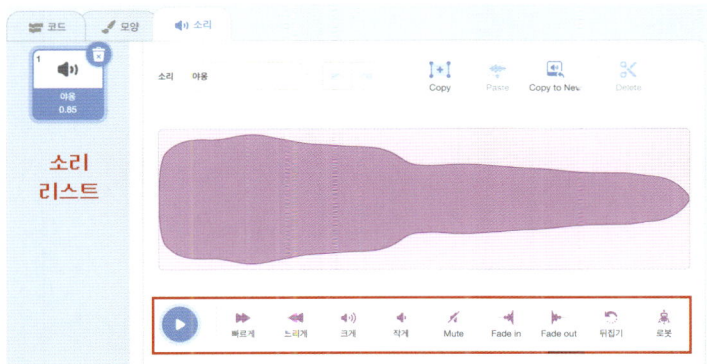

소리 탭을 누르면 소리를 편집할 수 있는
소리 에디터 버튼들이 있어.
스프라이트의 소리를 관리할 수 있지.

소리 탭에서 **소리 에디터**의 기능들을 차례로 살펴보자.

❶ ▶ 을 클릭해 봐. 고양이의 **야옹** 소리를 들을 수 있어.

❷ ⏩ 를 클릭해 봐. 고양이의 야옹 소리가 조금 더 빨라지지?
  빠르게

❸ ⏪ 를 클릭해 봐. 고양이의 야옹 소리가 반대로 느려질 거야.
  느리게

❹ 고양이의 소리를 처음으로 되돌리려면 화면 위쪽의  (**되돌리기**) 버튼을 클릭하면 돼.

어떻게 처음 고양이 소리인지 알 수 있냐고? ↶ 버튼이 더 이상 눌러지지 않으면 원래 처음 소리로 돌아간 거야.

❺ 🔊 를 클릭해 봐. 고양이의 야옹 소리가 조금 커지지? 얼마나 소리가 커지는지 계속 눌러 보자. **3번** 누
  크게
  르면 더 이상 버튼을 누를 수 없을 거야.

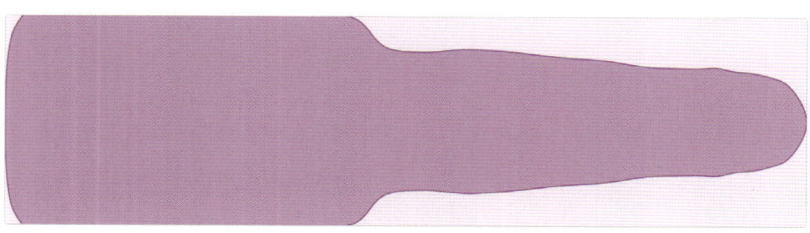

❻ 이번엔 🔈 를 클릭해 봐. 고양이의 야옹 소리가 반대로 작아지지? 얼마나 소리가 작아지는지 계속 눌러
      작게
  보자. 크게 버튼과 달리 3번 이상 눌러도 소리가 계속 작아지는 걸 알 수 있어.

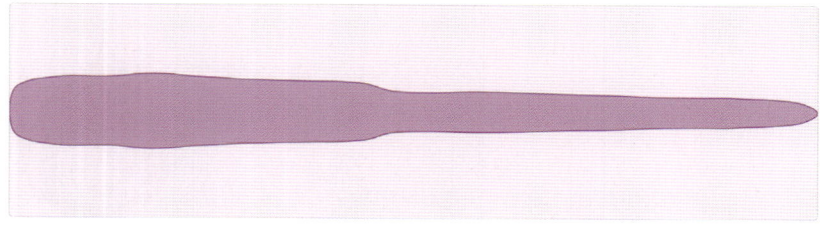

❼ 🔙 버튼을 클릭하여 원래 소리로 되돌리고 🔇 를 클릭해 봐. 소리가 사라지고 들리지 않아. 소리를 형상화한 이미지를 보면 쉽게 알 수 있어.

❽ 🔙 버튼을 클릭하여 원래 소리로 되돌리고 📢 점점 크게 를 클릭해 봐. 소리가 점점 커질 거야.

❾ 🔙 버튼을 클릭하여 원래 소리로 되돌리고 📢 점점 작게 를 클릭해 봐. 소리가 점점 작아져. 계속 누르면 뒤에 나오는 소리가 점점 사라지는 게 느껴질 거야.

❿ 🔙 버튼을 클릭하여 원래 소리로 되돌리고 ↩ 뒤집기 를 클릭해 봐. 소리의 효과가 반대로 바뀔 거야.

⓫ 🔙 버튼을 클릭하여 원래 소리로 되돌리고 🤖 로봇 을 클릭해 봐. 소리를 기계음으로 바꿔서 마치 로봇이 고양이 소리를 내는 것처럼 효과가 나타나.

 소리 탭에서 **메뉴**의 기능들을 차례로 살펴보자.

❶ 🔙 버튼을 클릭하여 원래 소리로 되돌리고 ✂ 복사 를 클릭해 봐. 소리 이미지에서 **마우스 왼쪽 버튼**으로 복사하고 싶은 소리의 부분을 **드래그**해서 지정한 다음, 그 옆의 📋 Paste 를 눌러서 복사한 부분을 붙여줄 수 있어.

117

❷ 이번엔 소리의 어느 부분을 삭제해 보자. 를 클릭하고 소리 이미지에서 마우스 왼쪽 버튼으로 삭제하고 싶은 소리의 부분을 드래그해서 지정해. 그 다음, 그 옆의  를 눌러서 복사한 부분을 삭제할 수 있어.

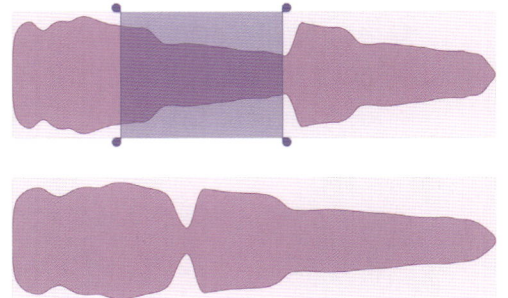

❸ 를 클릭하면 방금 편집된 소리 그대로 소리가 하나 추가되면서 왼쪽 **소리 리스트** 창에 **소리 섬네일**이 추가돼. 야옹과 야옹2를 차례로 눌러 봐. 어때? 소리가 똑같지?

소리도 그림처럼 편집해서 얼마든지 바꿔줄 수 있어. 신기하지?

소리 리스트에는 어떤 기능들이 있을까? 차례로 살펴보자.

❶ **소리 탭** 왼쪽의 섬네일 창에 있는 **소리 고르기** 버튼에 마우스를 올리면 스프라이트나 배경처럼 소리를 고르고 녹음하고 랜덤으로 소리를 선택할 수 있어. 새로운 소리를 업로드해서 쓸 수도 있지.

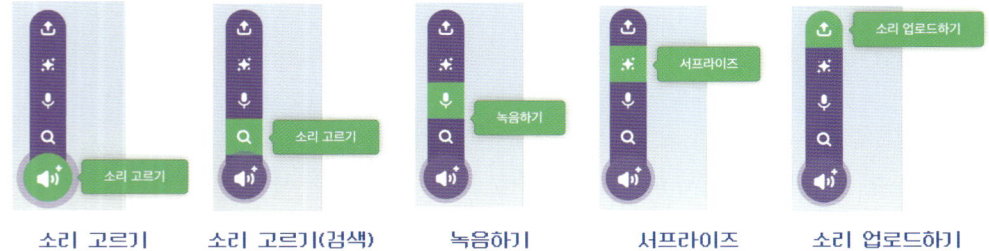

❷ 소리 고르기에는 어떤 소리들이 있을까? 소리 고르기 버튼을 클릭해 보자. 10개의 카테고리와 엄청나게 많은 소리들이 있지? 소리에 있는 에 마우스만 올리면 소리를 미리 들을 수 있어.

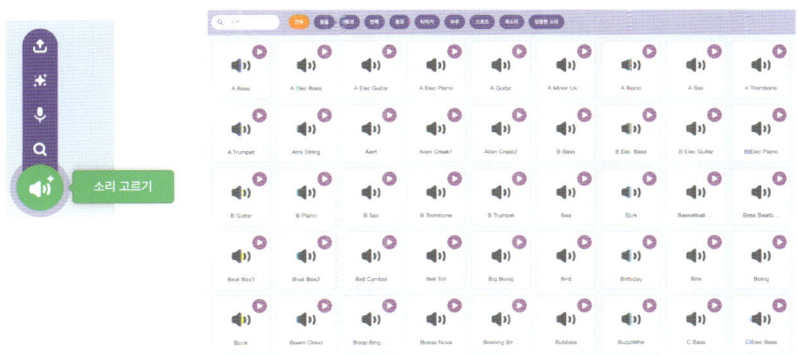

소리 고르기 버튼으로 원하는 소리를 추가할 수 있어.

소리 탭을 활용하면
소리도 마음대로 고를 수 있고,
녹음도 할 수 있고,
새로운 소리를 업로드할 수도 있어.

코딩으로 못하는 게 없는 거 같아.
미리 만들어진 소리를 듣고
선택할 수 있으니, 매우 편리해!

오늘의 코딩 핵심 정리

◆ **소리 탭**

소리 탭을 클릭하면 왼쪽에는 소리의 섬네일이 표시된 **소리 리스트**와 오른쪽에는 소리를 편집할 수 있는 **소리 에디터**가 있어요.

◆ **소리 에디터**

소리 에디터 안에는 소리를 **형상화한 이미지**와 소리를 **편집할 수 있는 도구**들이 표시되어 있어요.

◆ **소리 고르기**

소리 고르기 버튼으로 원하는 소리를 추가할 수 있어요. 소리 고르기는 **10개의 카테고리**로 이루어져 있고, 각 소리를 미리 들어보고 소리를 선택할 수 있어요.

나의 코딩 노트

---

22 재생하기, 소리끄기

끝까지 재생하기, 재생하기, 모든 소리 끄기 블록에 대해 알아보아요.

팔레트	블록	블록 설명
소리	야옹 ▼ 끝까지 재생하기	소리를 끝까지 재생하고 다음 블록을 실행하는 블록
	야옹 ▼ 재생하기	소리를 재생하며 다음 블록을 실행하는 블록
	모든 소리 끄기	소리를 지워 주는 블록

끝까지 재생하기와 재생하기는 어떤 차이가 있을까? 소리끄기는 모든 소리를 다 끄는 걸까?

끝까지 재생하기, 재생하기 블록에 대해 알아보자.

❶ 오른쪽과 같이 두 가지 스크립트를 만들어 차례로 🏁을 클릭해 보자. 차이가 크게 느껴지진 않을 거야. 차이를 확실하게 느낄 수 있도록 스크립트를 수정해 볼게.

❷ **소리 탭**을 클릭하고 **소리 리스트**에서 소리를 골라 보자. 조금 길게 나는 소리를 선택하면 차이를 쉽게 알 수 있을 거야.

❸ **반복** 카테고리를 선택하고 **Dance Head Nod**를 선택해.

 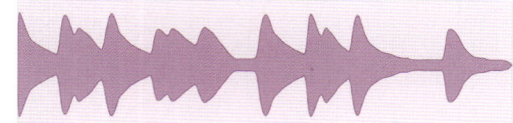

❹ 다시 오른쪽과 같이 두 가지 스크립트를 만들어 차례로 🏁을 클릭해 보자. 여러 번 해보면 차이점을 더 확실히 알 수 있어.

 `끝까지 재생하기` 블록은 소리가 끝난 후에 다음 블록을 실행해 주고, `재생하기` 블록은 소리가 나는 중간에 다음 블록을 실행해 줘.

 소리 블록에 다른 블록을 추가하여 활용해 볼까?

❶ Cat 스프라이트를 추가해.

❷ 다음과 같이 스크립트를 만들자. 먼저 **고양이** 스프라이트는 소리를 끝까지 재생하고 안녕을 2초 동안 말한 다음, 다음 모양으로 바뀌도록 할 거야.

❸ Cat 스프라이트는 마치 춤을 추듯 소리가 나오는 중간에 말을 하면서 모양이 바뀌도록 할 거야.

❹ ▶을 클릭해 봐. `끝까지 재생하기` 블록을 넣은 고양이는 등장을 알리는 음악이 나오고 나서 **안녕**이라고 말하고 모양이 바뀔 거야. `재생하기` 블록을 넣은 고양이는 음악이 나오면서 **안녕**하고 말하며 다음 모양으로 여러 번 바뀌어.

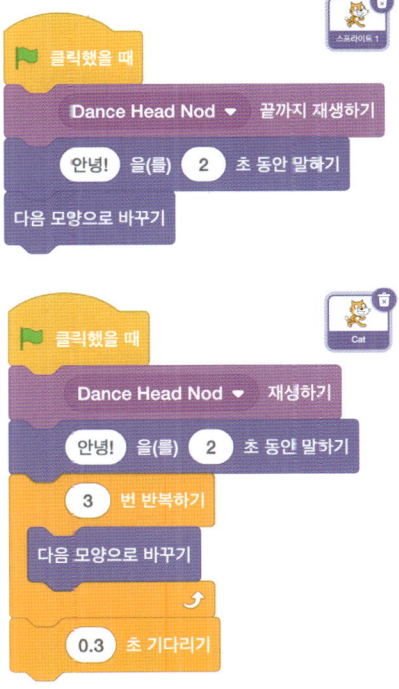

`끝까지 재생하기` 블록은 무언가의 등장을 알리거나 장면을 전환시키거나 새로운 이야기가 시작될 때 쓰면 좋아. `재생하기` 블록은 사건이 이루어지며 그 스프라이트가 하는 행동에 의미를 부여하거나 분위기를 고조시켜 주는 데 사용하면 좋아.

고양이 스프라이트가 음악에 맞춰 **무대**로 등장하는 장면을 표현해 볼까?

❶ 배경의 **음악** 카테고리에서 Theater2를 선택하고 Cat 스프라이트는 삭제해 줘.
❷ 고양이 스프라이트를 무대 왼쪽으로 이동시켜 줘.
❸ 고양이 스프라이트를 클릭하고 오른쪽과 같이 스크립트를 만들자. 각 블록 값을 잘 보고 수정해 주고, **소리 탭의 반복** 카테고리에서 Dance Celebrate를 추가시켜 주는 것을 잊지 마!
❹ ▶을 클릭해 봐. 고양이가 사라졌다가 음악이 끝나면 인사를 하며 무대로 걸어나오는 모습이 보이면 성공!

❺ `모든 소리 끄기` 블록을 활용해 보자. **고양이** 스프라이트를 클릭하고 오른쪽과 같이 스크립트를 만들어.

❻ 🏁을 클릭해 봐. 고양이가 등장한 다음 모든 소리가 꺼지면서 고양이가 말하는 모습이 나타날 거야. 화려한 배경 소리가 없어지면서 고양이가 말하는 것에 집중하게 할 수 있어.

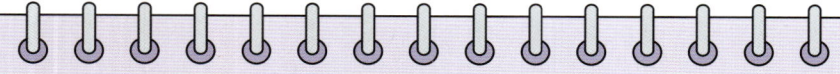

오늘의 코딩 핵심 정리

◆ **끝까지 재생하기 블록과 재생하기 블록의 차이**

끝까지 재생하기 블록은 소리가 끝난 후에 다음 블록을 실행해 주고, **재생하기** 블록은 소리가 나는 중간에 다음 블록이 실행돼요.

◆ **재생하기 블록**

재생하기 블록을 여러 개 결합해서 쓰면 추가된 소리들이 같이 들리면서 색다른 소리를 표현할 수 있어요.

◆ **모든 소리 끄기 블록**

소리를 **지워주는** 블록

23 음 높이 바꾸기, 소리 효과 지우기

영상QR코드

▼ 음 높이 효과를 바꾸거나 정하기, 소리 효과 지우기 블록에 대해 알아보아요.

팔레트	블록	블록 설명
소리	음 높이 ▼ 효과를 10 만큼 바꾸기	소리의 높이를 높이거나 낮아지게 설정하는 블록
	음 높이 ▼ 효과를 100 로 정하기	음 높이 효과를 100으로 정하는 블록
	소리 효과 지우기	소리의 효과만 지우는 블록

모든 소리 지우기 블록과 소리 효과 지우기 블록은 어떤 차이가 있을까?

음 높이를 10만큼 바꾸기 블록에 대해 알아보자.

❶ 오른쪽과 같이 스크립트를 만들어 🏁을 클릭해 보자. 음 높이가 어떻게 바뀌는지 잘 느껴지지 않지?

❷ 차이를 확실하게 느낄 수 있도록 시간 간격을 두어 **10번 반복**해 보면 음 효과가 어떻게 달라지는지 알 수 있어. 오른쪽과 같이 스크립트를 만들어 🏁을 클릭해 보자. 어때? 야옹 소리가 계속 높아지면서 반복되지?

❸ 이번엔 음 높이 효과의 블록 값을 **-10**으로 바꾸고 🏁을 클릭해 보자. 야옹 소리가 점점 낮아지면서 반복될 거야.

🐤 `음 높이 효과를 10만큼 바꾸기` 블록은 딱 이 블록 하나만 가지고는 명령을 실행하기 어려워. `끝까지 재생하기` `재생하기` 블록과 함께 써야 효과가 나타나지.

 음향 위치 왼쪽/오른쪽 효과를 10만큼 바꾸기 블록에 대해서도 알아보자.

❶ `음 높이 ▼`의 ▼를 눌러 **음향 위치 왼쪽/오른쪽**으로 수정해.
❷ 오른쪽과 같이 스크립트를 만들어 🏁을 클릭해 보자.

🐤 `음향 위치 오른쪽/왼쪽 효과를 10만큼 바꾸기` 블록은 스피커의 왼쪽과 오른쪽 소리를 조절하는 블록이야. 10에서 큰 수를 입력하면 오른쪽, -10보다 작은 수를 입력하면 왼쪽 스피커의 소리가 커져.

음 높이 효과를 100으로 정하기 블록에 대해 알아보자.

❶ 음 높이 효과가 100이라는 건 음 높이의 기본값일까? 그것을 확인하기 위해 클릭했을 때 야옹 재생하기 블록을 연결하고 🏁을 클릭하여 소리를 들어보자.

❷ 이번에는 음 높이 효과를 100으로 정하기 블록을 연결하고 🏁을 클릭하여 소리를 들어보자. 어때? 소리가 높아졌지? 맞아. 야옹 소리의 기본은 100이 아니야. 음 높이 효과의 블록값을 0으로 수정하고 소리를 들어봐. 그냥 야옹을 재생했을 때와 소리가 똑같을 거야.

🐤 소리의 기본 설정은 0이야. 음 높이가 100이면 기본 설정 음 높이의 100배로 정하고 시작하는 거야.

❸ 음 높이 효과를 100으로 정하기 블록과 야옹 재생하기 블록의 위치를 바꾸면 어떻게 될까? 🏁을 클릭하여 소리를 들어봐. 여전히 높은 소리가 나지?

 재생하기 블록에 음 높이 효과를 100으로 정하기 블록을 쓰면 순서에 상관없이 소리 효과가 실행돼.

❹ 그럼 야옹 끝까지 재생하기 블록은 어떨까? 오른쪽과 같이 두 개의 스크립트를 만들어 확인해 봐. 어때? 블록의 순서가 바뀌니 소리도 달라지지? 야옹 끝까지 재생하기 블록은 원래 야옹이 가지고 있는 기능이 다 실행되기 전까지 다른 블록의 영향을 받지 않아.

 끝까지 재생하기 블록은 블록 순서의 영향을 받아.

소리 효과 지우기 블록은 모든 소리 끄기 블록과 어떻게 다를까?

❶ `소리 효과 지우기` 블록을 활용해 보자. 오른쪽과 같이 스크립트를 만들고 🏁을 클릭해 봐.

❷ 처음에는 높은 야옹 소리가 나고 1초 후에 기본 값인 야옹 소리가 나지? `소리 효과 지우기` 블록은 소리 자체를 없애는 게 아니라 음 높이 효과나 다른 소리 효과의 **효과만 지우는 블록**이라는 걸 확인할 수 있어.

 `모든 소리 끄기` 블록을 쓰면 실행되었던 야옹 소리는 지워지지만, 효과는 그대로 살아 있어. 위의 코드에서 `소리 효과 지우기` 블록을 `모든 소리 끄기` 블록으로 바꾸고 확인해 봐.

오늘의 코딩 핵심 정리

◆ 음 높이 효과를 10만큼 바꾸기 블록

이 블록만 가지고 명령을 실행하기 어려운 블록으로, **재생하기**나 **끝까지 재생하기** 블록과 함께 써야 효과가 나타나요.

◆ 음 높이 효과를 100으로 정하기 블록

기본 설정을 **100**으로 정하는 블록으로 숫자를 0으로 설정하면 기본 소리가 가진 음 높이를 알 수 있어요.

◆ 재생하기 블록+음 높이 블록

재생하기 블록에 **음 높이** 블록을 쓰면 순서에 상관없이 소리 효과가 실행돼요.

24  음량 설정하기

영상QR코드

▼ 음량과 음의 크기를 설정하는 블록에 대해 알아보아요.

	처음 만나는 블록	
팔레트	블록	블록 설명
소리	음량을 -10 만큼 바꾸기	음량을 입력한 값만큼 바꾸는 블록
	음량을 100 %로 정하기	음량을 입력한 값으로 정하는 블록

소리 탭과 소리 블록을 이용하면 스프라이트에 다양한 음악 효과를 주어 멋진 프로젝트를 만들 수 있어!

음량 바꾸기, 정하기 블록에 대해 알아보자.

❶ 오른쪽과 같이 스크립트를 만들어 ▶을 클릭해 보자. 내 컴퓨터에 설정된 기본 음의 크기를 체크해 보는 거야.

❷ `음량을 -10만큼 바꾸기` 블록을 연결하고 ▶을 클릭해 보자. 야옹 소리가 조금 작아졌지?

❸ 이번엔 음량의 블록 값을 -30, -50, -100으로 차례로 수정하며 소리를 들어보자. 그런데 소리가 들리지 않을 거야.

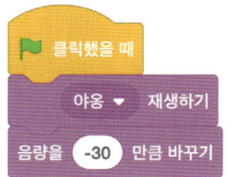

❹ `음량을 100%로 정하기` 블록을 활용하여 오른쪽과 같이 스크립트를 만들고 ▶을 클릭해 보자. 음량을 기본 값인 100%로 정하고 음량을 -50으로 바꾸기 때문에 조금 작아진 야옹 소리를 들을 수 있어.

🐥 음량은 다른 효과와 다르게 반복하기를 넣지 않아도 클릭할 때마다 효과에 효과가 계속 더해져.

❺ 그럼 `야옹 재생하기` `음량을 -10만큼 바꾸기` `0.5초 기다리기` 블록을 10번 번갈아 넣어볼까? 이때 블록 **복사하기** 기능을 쓰면 편하게 스크립트를 만들 수 있어.

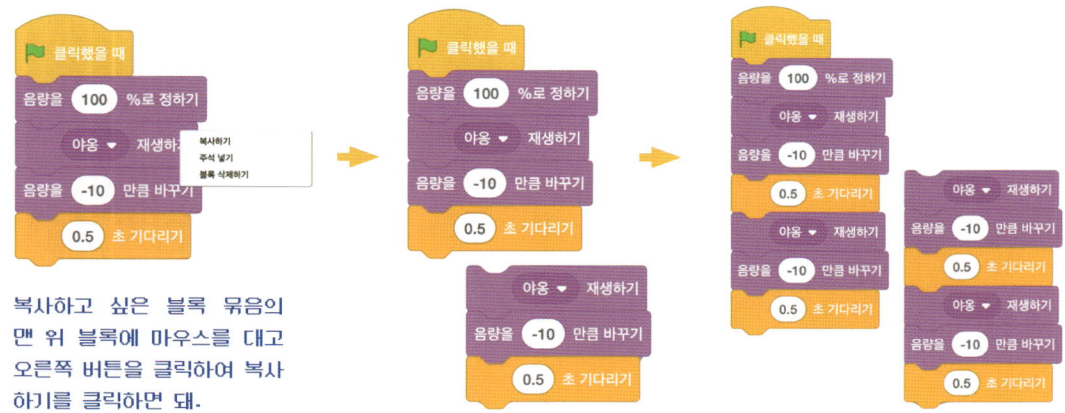

복사하고 싶은 블록 묶음의 맨 위 블록에 마우스를 대고 오른쪽 버튼을 클릭하여 복사하기를 클릭하면 돼.

10번 반복하려면 총 4번만 복사하면 돼. 물론 10번 반복하기 블록을 써도 되지만, 그러면 과정이 너무 빨리 지나가 실행 과정을 잘 볼 수 없어.

❻ ▶을 클릭하여 소리를 들어봐. 소리가 10만큼씩 작아지면서(-10) 야옹 소리가 10번 재생되는 걸 확인할 수 있어. 마지막 야옹 소리는 거의 들리지 않지.

 음량 블록 기능은 소리 탭의 소리 에디터에 있는  버튼과 연동되어 있는 블록이야.

 음량을 100%로 정하기 블록과 **음량** 블록에 대해 더 자세히 알아보자.

❶ Bat 스프라이트를 추가해.

❷ 고양이 스프라이트와 Bat 스프라이트를 각각 클릭하고 소리 카테고리에 ☐ 음량 을 체크해. 그럼 화면 위쪽에 음량이 어느 정도인지 확인할 수 있는 창이 나타날 거야.

음량을 확인할 수 있는 창

 음량을 100%로 정하기는 원래 소리가 가지고 있는 음 크기 자체가 100으로 설정되어 있어.

❸ Bat 스프라이트를 클릭하고 고양이 스프라이트의 코드와 같은 방법으로 오른쪽과 같이 스크립트를 만들자. 단, 고양이와 반대로 박쥐의 소리가 10만큼씩 점점 커지도록 코딩해 보자.

❹ ▶을 클릭하여 소리를 들어봐. 고양이 소리는 점점 작아지고, 박쥐 소리는 점점 커지는 것을 들을 수 있을 거야. 고양이는 **음량을 100%로 정하기**에서 시작했고, 박쥐는 **음량을 0%로 정하기**에서 시작했다는 것을 잊지 마!

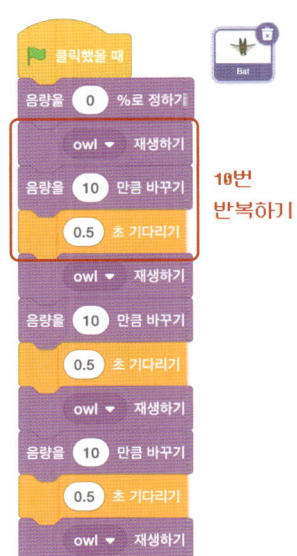

소리 블록들을 활용하여 **여러 악기가 연주되는 합주 소리**를 만들어 보자.

❶ Keyboard, Trumpet, Drum Kit 스프라이트를 차례로 추가해. 모두 **음악** 카테고리에 있어.

❷ 각각 스프라이트에 스크립트를 만들어 보자. 먼저 Keyboard 스프라이트를 클릭하고 소리 탭에서 소리를 추가해 주자. 소리 탭 – 소리 고르기 – 반복 카테고리– Elec Piano Loop를 추가해 줘.

❸ 오른쪽과 같이 스크립트를 만들어.

❹ Trumpet 스프라이트를 클릭하고 오른쪽과 같이 스크립트를 만들어.

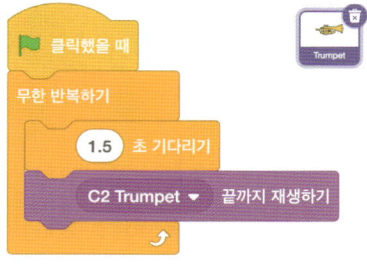

❺ Drum Kit 스프라이트를 클릭하고 소리 탭에서 소리를 추가해 주자. 소리 탭 – 소리 고르기 – 반복 카테고리 – Drum을 추가해 줘.

❻ 오른쪽과 같이 스크립트를 만들어.

❼ 🚩을 클릭해 보자. 정말 멋진 음악이 완성되었지?

오늘의 코딩 핵심 정리

◆ **음량과 관련된 블록들**

소리 에디터의 크게와 작게 버튼과 연동되어 있는 블록으로, 다른 효과와는 다르게 반복하기를 넣지 않아도 클릭할 때마다 효과에 효과가 더해져요.

◆ **음량을 100%로 정하기 블록**

소리가 원래 가지고 있는 소리의 크기로 되돌리는 기능이 있어요.

◆ **음량 블록**

음량 블록 앞에 네모 박스를 클릭하여 체크하면 스프라이트의 현재 음량이 몇인지 알 수 있는, 무대 위 왼쪽에 음량 크기를 보여주는 창이 생겨요.

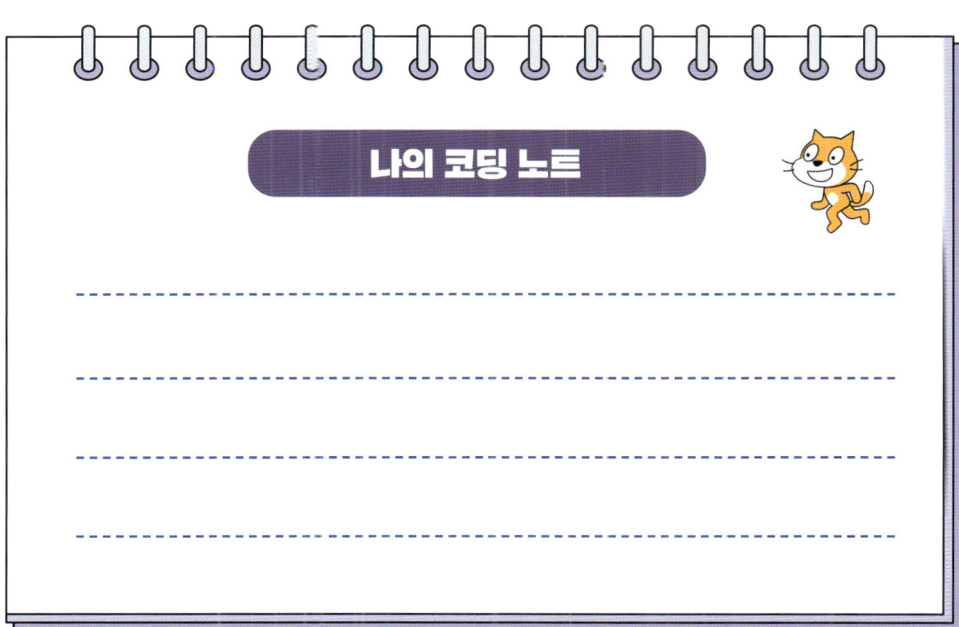

나의 코딩 노트

25 클릭했을 때, 스페이스 키를 눌렀을 때

▼ 클릭했을 때, 스페이스 키를 눌렀을 때 블록에 대해 알아보아요.

	처음 만나는 블록	
팔레트	블록	블록 설명
이벤트	클릭했을 때	초록색 깃발을 눌렀을 때 스크립트를 실행하는 블록
	스페이스 키를 눌렀을 때	스페이스 키를 눌렀을 때 스크립트를 실행하는 블록

지금까지 많이 써서 다 알고 있다고?
하지만 다 알고 있다고 생각하는 건
오해야! 새로운 기능들이 있다고!

이벤트 블록을 활용하여 **길을 가다 점프하는 고양이**를 코딩해 보자.

❶ 길을 가다 점프하는 고양이를 만들려면 걸어가는 고양이, 점프하는 고양이, 이렇게 **두 개의 스크립트**를 만들어야 해.

❷ 오른쪽과 같이 스크립트를 만들어.

❸ ▶을 클릭해 봐. 길을 가던 고양이가 스페이스 키를 누르면 점프를 하고 다시 걸어가지?

> **스페이스 키를 눌렀을 때** 블록으로 코딩한 스크립트는 진행 상황에 방해받지 않고 내가 원하는 타이밍에 명령을 실행시킬 수 있어.

 스페이스 키를 눌렀을 때 블록에 대해 더 자세히 알아보자.

❶ 스페이스 옆의 ▼를 누르면 목록이 뜰 거야. 각각의 기능에 대해 알아보자.

❷ **위쪽(아래쪽, 오른쪽, 왼쪽) 화살표**는 키보드의 화살표 방향키를 가리키는 거야. 스프라이트의 위치를 이동시킬 때 쓰면 편리해.

❸ 아래와 같이 스크립트를 만들고 화살표 키를 눌러 고양이를 이동시켜 봐. 스페이스를 누르면 고양이가 점프하는 코드도 추가해.

 키보드에 화살표 키가 없다면 온라인 게임에서 많이 쓰는 w, s, a, d의 알파벳 키로 대신하여 쓸 수 있어.

❹ 목록 중 **아무 키**는 내가 앞에 추가한 **모든 키의 명령을 포함하여** 실행되니 주의해서 써야 해. 오른쪽과 같이 코드를 만들고 키보드의 아무 키나 눌러 봐. 고양이의 색이 아무 색으로나 바뀌는 걸 볼 수 있을 거야.

❺ 이번엔 **화살표 키**나 **스페이스 키**를 눌러 보자. 화살표 키를 누르면 앞에서 코딩한 대로 고양이가 움직이면서 색이 변할 거야. 스페이스 키를 누르면 고양이가 점프하면서 색도 바뀌지. 아무 키를 눌렀을 때 블록으로 명령을 내리면 이렇게 다른 명령이 실행될 때도 영향을 미쳐. 그러니 잘 생각해 보고 코딩을 해야겠지?

오늘의 코딩 핵심 정리

◆ **클릭했을 때 블록**

클릭했을 때 블록 **아래에 있는 모든 스크립트**를 실행하는 블록

◆ **스페이스 키를 눌렀을 때 블록**

스페이스 키를 눌렀을 때 블록의 목록에 있는 키보드 자판을 누르면 **그에 해당되는** 명령 스크립트들을 실행하는 블록

◆ **아무 키를 눌렀을 때 블록**

내가 만든 다른 키의 스크립트를 **모두 포함**하여 명령을 실행하는 블록

◆ **화살표 키**

키보드에 화살표 키가 없다면 온라인 게임에서 많이 쓰는 **w, s, a, d**의 알파벳 키로 대신하여 쓸 수 있어요.

26  스프라이트, 무대를 클릭했을 때

영상QR코드

▼ 스프라이트, 무대를 클릭했을 때 블록에 대해 알아보아요.

처음 만나는 블록

팔레트	블록	블록 설명
이벤트	이 스프라이트를 클릭했을 때	스프라이트를 클릭해서 명령을 실행하도록 하는 시작 블록
	무대를 클릭했을 때	무대의 배경을 클릭해서 명령을 실행하도록 하는 시작 블록
	배경이 배경 1 (으)로 바뀌었을 때	배경이 바뀜에 따라 다음 명령을 실행하는 블록
	음량 ▼ > 10 일 때	컴퓨터 밖의 소리에 반응해서 명령을 실행하는 블록

코딩을 할 때는
내가 **어디에 블록을 넣고** 있는지
꼭 확인하고 코딩해야 해!

이 스프라이트를 클릭했을 때, 무대를 클릭했을 때 블록에 대해 알아보자.

❶ 먼저 `이 스프라이트를 클릭했을 때` 블록을 활용해 보자. **고양이** 스프라이트를 선택하고 오른쪽과 같이 스크립트를 만들어 봐.

❷ **고양이를 클릭**해 봐. 크기가 작아졌다가 다시 원래대로 돌아오지?

❸ 이번엔 `🏁 클릭했을 때` 블록을 활용하여 오른쪽과 같이 스크립트를 만들어 보자.

❹ 을 클릭해 봐. 고양이의 모습이 계속 바뀌어 마치 걷는 것처럼 보일 거야. **고양이를 한 번 클릭**해 봐. 계속 걸으면서 크기가 작아졌다 원래대로 돌아오는 게 보이니?

🐥 `이 스프라이트를 클릭했을 때` 블록은 다른 시작 블록과 같이 쓸 수 있어.

❺ 이번엔 `🏁 클릭했을 때` `무대를 클릭했을 때` 블록을 활용해 보자. 어? 그런데 **무대를 클릭했을 때** 블록이 보이지 않는다고?

🐶 `무대를 클릭했을 때` 블록은 무대에 배경을 추가해야 나타나는 블록이야.

❻ 무대에 **배경**을 추가하고 **배경 탭**에서 Blue Sky를 추가하자.

❼ 배경을 선택하고 오른쪽과 같이 `🏁 클릭했을 때` `무대를 클릭했을 때` 블록을 활용한 두 개의 스크립트를 만들어 봐.

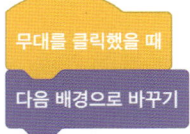

❽ 을 클릭해 봐. 배경이 사라지면서 고양이가 걷는 모습이 보일 거야. **무대를 클릭**해 봐. 다시 배경이 나타나지? **고양이를 클릭**하면 크기가 작아졌다 다시 커질 거야. 이렇게 🏁을 클릭했을 때, 스프라이트를 클릭했을 때, 무대를 클릭했을 때의 세 가지 명령을 자유롭게 내릴 수 있어.

배경이 배경 1로 바뀌었을 때 블록에 대해 알아보자.

❶ 공중에 떠 있던 고양이가 땅으로 내려와 걷도록 코딩해 보자. 어떻게 하면 될까? 맞아! 고양이의 위치 좌표를 이용하면 돼. 배경이 Blue Sky로 바뀌면 고양이가 땅으로 내려오도록 스크립트를 만들어 보자.

❷ 오른쪽과 같이 스크립트를 만들어 봐. 🏁을 클릭하면 배경이 사라지고, 무대를 클릭하면 배경이 바뀌면서 고양이가 땅으로 내려오면 코딩 성공!

 기억하니? 우리는 이미 무대를 클릭했을 때 다음 배경으로 바꾸도록 코딩을 했다는 사실을! 아래 코딩한 스크립트들이 차례로 실행된 거야. 다시 한번 차례로 살펴보자.

⟨깃발을 클릭했을 때⟩　　⟨무대를 클릭했을 때⟩　　⟨고양이 스프라이트를 클릭했을 때⟩

> 코딩 결과 : 고양이 원래 위치, 걸어가기 무한 반복
> 코딩 결과 : Blue Sky 배경으로 바뀌면서 고양이 위치 이동
> 코딩 결과 : 고양이가 작아졌다가 원래 크기로 돌아옴

❸ 이번엔 무대를 선택했을 때 `배경이 배경 1로 바뀌었을 때` 블록을 어떻게 활용할 수 있을지 알아보자. 먼저 Blue Sky 배경을 선택하고 코드 탭을 선택해.

❹ 배경이 바뀌면 음악이 흘러나오도록 코딩해 보자. `배경이 배경 1로 바뀌었을 때` 블록값을 Blue Sky로 바꾸고, 소리 카테고리에서 `팝 끝까지 재생하기` 블록을 연결해.

❺ 오른쪽과 같이 스크립트를 완성하고 🏁을 클릭해 봐. 그 다음 **무대**를 클릭해 봐. 고양이가 땅 위를 걸을 때 **팝, 팝, 팝...** 하는 소리가 0.5초 간격으로 반복되는 걸 들을 수 있을 거야.

 `배경이 배경 1로 바뀌었을 때` 블록은 소리나 형태의 효과 블록을 사용해 주면 스프라이트의 움직임이나 배경의 바뀜에 따라 여러 재미있는 효과를 넣을 수 있어.

〈깃발을 클릭했을 때〉   〈무대를 클릭했을 때〉

 음량 > 10일 때 블록에 대해 알아보자.

❶ 이번엔 고양이의 **음량**을 조절하는 스크립트를 만들어 보자. 우선 **이벤트** 카테고리에서 `음량 > 10일 때` 블록을 가져오고 그 아래 **소리** 카테고리의 `모든 소리 끄기` 블록을 연결해.

❷ 아래와 같이 **위쪽, 아래쪽 화살표 키를 눌렀을 때** 블록을 넣어 스크립트를 만들어. `🏁 클릭했을 때` 블록 아래에는 `음량을 100%로 정하기` 블록을 끼워 넣고 블록값을 **10**으로 수정해.

❸ 소리 카테고리의 **음량**에 체크(☑ 음량)하면 소리의 크기가 화면에 표시될 거야. 🏁을 클릭하고 **위쪽** 화살표 키를 눌러 보자.

❹ 어때? 소리는 계속 커지는데 소리가 멈추진 않지? 왜 그럴까?

❺ 이번엔 **배경** 탭에 가서 **Castle 2**를 추가한 다음, 오른쪽과 같이 스크립트를 수정해 보자.

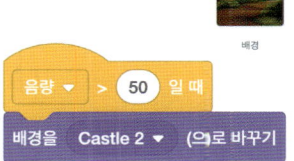

❻ 🏳을 클릭하고 배경을 클릭한 다음, 컴퓨터 가까이에서 박수를 크게 쳐 보자. 박수를 **짝**하고 치는 순간 배경이 순식간에 새로 추가된 배경으로 **바뀌는** 것을 볼 수 있어.

〈깃발을 클릭했을 때〉   〈무대를 클릭했을 때〉   〈박수를 쳤을 때〉

> 음량 > 10일 때 블록은 컴퓨터 내부에서 재생되는 소리가 아닌, 컴퓨터 밖의 소리에 반응해서 명령을 실행하는 블록이야. 만약 이 블록이 실행되지 않으면 컴퓨터의 마이크 설정을 변경하거나 설정의 마이크 언어 설정에 영어를 추가해 주어야 작동하니 주의하면서 실행해야 해.

◆ 블록의 선택

이 스프라이트를 선택했을 때 블록은 스프라이트를 선택했을 때만 보이고, 무대를 클릭했을 때 블록은 무대, 배경을 선택했을 때만 보여요.

◆ 이 스프라이트를 클릭했을 때 블록

스프라이트를 클릭해서 명령을 실행하도록 하는 시작 블록

◆ 무대를 클릭했을 때 블록

무대의 배경을 클릭해서 명령을 실행하도록 하는 시작 블록

◆ 배경이 배경 1로 바뀌었을 때 블록

배경이 바뀜에 따라 스프라이트의 다음 명령을 실행하도록 하는 블록

◆ 음량이 10보다 클 때 블록

컴퓨터 내부에서 재생되는 소리가 아닌, 컴퓨터 밖의 소리에 반응해서 명령을 실행하는 블록

27  신호를 보냈을 때, 받았을 때

영상QR코드

▼ 메시지1 신호를 받았을 때, 신호 보내기 블록에 대해 알아보아요.

팔레트	블록	블록 설명
이벤트	메시지1 ▼ 신호를 받았을 때	메시지를 받으면 이 블록 아래로 결합한 명령을 실행하는 블록
	메시지1 ▼ 신호 보내기	메시지 신호를 보내는 블록
	메시지1 ▼ 신호 보내고 기다리기	신호를 받은 다른 스프라이트의 코드가 모두 실행되고 나면 그 아래 결합한 코드를 실행하는 블록

메시지는 주로 내가 다른 누군가에게 전하는 내용을 담고 있어. 스크래치에서는 어떻게 활용할까?

메시지 신호 블록을 활용해 **고양이**와 **꽃게**가 서로 대화를 주고 받는 장면을 코딩해 보자.

❶ 먼저 `메시지1 신호를 받았을 때` 블록을 활용해 보자. 블록의 ▼를 누르면 두 개의 목록이 보일 거야. **새로운 메시지**를 선택해 보자.

❷ 새로운 메시지를 넣을 수 있는 **창이** 나타나지? 이 메세지는 **다음 명령이랑 연결되게 이름**을 짓는 게 좋아. 그래야 메시지를 여러 개 보낼 때 헷갈리지 않고 **메시지 이름을 구분해서 메시지를 받는 스크립트**를 만들 수 있어.

❸ 그럼 고양이가 먼저 인사를 건네는 장면부터 코딩해 볼까? Crab 스프라이트를 추가하고, 오른쪽과 같이 고양이와 꽃게의 **위치를 이동**시켜 주자.

❹ **고양이** 스프라이트를 클릭하여 오른쪽과 같이 스크립트를 만들어.

❺ 고양이가 인사하는 스크립트를 만들었어. 이번엔 **꽃게** 스프라이트를 클릭하고 오른쪽과 같이 스크립트를 만들어.

❻ **고양이** 스프라이트를 클릭하여 오른쪽과 같이 스크립트를 만들어.

❼ **꽃게** 스프라이트를 클릭하여 오른쪽과 같이 스크립트를 만들어.

❽ **고양이** 스프라이트를 클릭하여 오른쪽과 같이 스크립트를 만들어. 고양이가 말을 끝내면 **꽃게**가 있는 쪽으로 **이동**하는 블록까지 연결해 보자.

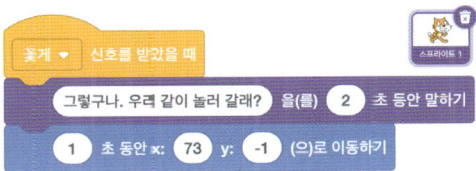

❾ 🚩을 클릭하고 **고양이**와 **꽃게**의 대화를 살펴보자.

> 고양이 : 나는 냐옹쓰라고 해. 너는 누구니?
> 꽃게 : 안녕? 나는 꽃게야. 만나서 반가워.
> 고양이 : 꽃게야, 반가워. 꽃게야, 정말 게의 다리는 10개니?
> 꽃게 : 맞아. 게의 다리는 10개인데 나는 6개야.
> 고양이 : 그렇구나. 우리 같이 놀러 갈래? (고양이가 꽃게 쪽으로 이동)

 메시지 신호 블록은 스프라이트 간의 명령을 자연스럽게 연결할 수 있어.

 메시지 신호를 보내고 기다리기 블록을 활용해 보자.

❶ 파일에서 **새로 만들기**를 눌러 새 **코드 탭**을 열자.
❷ **Crab**과 **Monkey** 스프라이트를 추가하고, 무대에 오른쪽과 같이 배치해.
❸ 각각 스프라이트에 아래와 같이 스크립트를 만들어 주자. 스프라이트를 이동한 위치대로 x, y **좌푯값**은 이미 **지정**되어 있을 거야.

 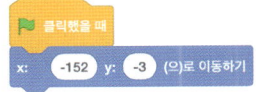  

❹ 이제 고양이가 친구들이 모이도록 이야기하면 **꽃게**와 **원숭이**가 고양이가 있는 쪽으로 **모이도록** 코딩할 거야. 먼저 **고양이** 스프라이트를 클릭하고 다음과 같이 스크립트를 만들거.

❺ 꽃게와 원숭이가 고양이 쪽으로 모이도록 위치를 이동시켜 x, y 좌푯값을 정한 다음, 각각 오른쪽과 같이 스크립트를 추가해.

❻ 자, 이제 🏁을 클릭하자. 고양이가 **친구들아, 모여라~!**라고 말하고 **기다리면** 친구들이 모일 거야. 친구들이 모이면 고양이가 **와~ 다 모였다!**라고 말하는 게 보이니?

오늘의 코딩 핵심 정리

◆ **메시지 신호 블록**

주체가 되는 스프라이트가 다른 스프라이트에게 **명령 실행의 시작을 알리게 하는 역할**을 하는 블록. 이 블록을 사용하면 앞에 실행되는 스프라이트의 명령이 얼마 동안 이루어지는지 계산하지 않아도 돼요.

◆ **메시지1 신호를 받았을 때 블록**

누군가가 보낸 **메시지를 받으면** 이 블록 아래로 결합한 명령을 실행하는 블록

◆ **메시지 신호 보내고 기다리기 블록**

신호를 받은 다른 스프라이트의 **코드가 모두 실행할 때까지 기다린 후** 코드가 모두 실행되고 나면 그 아래 결합한 코드를 실행하는 블록

28  조건에 따라 명령 실행하기

제어, 감지 블록들은 각각의 블록만으로는 절대 실행되지 않아요.

영상QR코드

▼ 만약 ~라면, 마우스 포인터에 닿았는가? 블록에 대해 알아보아요.

팔레트	처음 만나는 블록	
	블록	블록 설명
제어	만약 (이)라면	육각형에 블록을 넣어 조건이 성립될 때 ㄷ 모양 안의 명령을 실행시키는 블록
감지	마우스 포인터 ▼ 에 닿았는가?	마우스 포인터에 닿으면 다음 명령을 실행하는 블록

제어 블록 안에 어떤 감지 블록이 들어가느냐에 따라 전혀 다른 조건의 블록이 돼.

만약 ~(이)라면, 마우스 포인터에 닿았는가? 블록에 대해 알아보자.

❶ `만약 ~(이)라면` 블록을 활용해 보자. 오른쪽과 같이 스크립트를 만들고 🚩을 클릭해 보자. 어? 그런데 고양이 모양이 변하지 않지? 왜 그럴까?

🐤 🚩을 클릭하면 마우스 포인터가 스프라이트에 닿기도 전에 이미 스크립트가 실행되어 버려 고양이의 모양 변화를 볼 수 없어.

❷ 그럼 `🚩 클릭했을 때` 대신 `이 스프라이트를 클릭했을 때` 블록을 넣어보자. **고양이**를 클릭하면 모양이 바뀌는 게 보일 거야. 그렇다면 `🚩 클릭했을 때` 블록을 활용하여 고양이 모양이 바뀌게 하려면 어떻게 해야 할까?

❸ 🚩을 클릭하고 스프라이트에 마우스 포인터를 가져가는 시간을 준다면 고양이 모양이 바뀌는 모습을 확인할 수 있어. 오른쪽과 같이 스크립트를 만들고 🚩을 클릭해 보자. 어때? 고양이 발에 모터를 단 것처럼 계속 고양이의 모습이 바뀌지?

🐤 '만약' 블록이 지속되게 하려면 '반복' 블록을 만약 블록 전체에 씌워주어야 해.

❹ 이번엔 하얀 배경에서 고양이가 앞으로 이동하다가 **벽에 닿았을 때 배경이 바뀌도록** 코딩해 보자. 배경에 Blue Sky를 추가하고, 오른쪽과 같이 스크립트를 만들어 봐.

❺ 🚩을 클릭해 봐. 어때? 배경이 하얗게 변했다가 고양이가 무대 끝의 벽에 닿으니 배경이 바뀌지?

고양이가 다른 스프라이트에 닿았을 때 "사랑해"라고 말하도록 코딩해 보자.

❶ **Crab** 스프라이트를 추가해.

❷ **고양이**와 **Crab**을 오른쪽 화면과 같이 배치하고, 스크립트를 만들어.

❸ 이번에는 **고양이**를 **Crab** 가까이로 이동시키고, 오른쪽과 같이 스크립트를 마저 완성하자. 이때 고양이가 Crab 모양 중 **한 군데라도 닿도록** 위치시키는 게 중요해.

❹ ▶을 클릭해 봐. **고양이가 걸어가다가 꽃게에 닿으면 사랑해**라고 말하니? 그렇다면 코딩 성공!

149

오늘의 코딩 핵심 정리

◆ **만약 ~라면 블록**
육각형 모양의 다른 블록을 넣고 **조건이 성립될 때** 블록 안에 있는 **명령을 실행**시키는 블록. **조건문**이라고도 불려요.

◆ **~에 닿았는가? 블록**
스프라이트가 지정한 목록에 **닿았는지 판단하고** 다음 블록 명령을 실행시키는 블록. 스프라이트 모양 중 한 군데라도 닿도록 위치시키는 게 중요해요.

나의 코딩 노트

29  조건대로 판단하여 실행하기

제어, 감지 블록들은 **조건**과 **판단**에 관한 블록들이랍니다.

영상QR크드

▼ 만약 ~라면/아니면, ~색에 닿았는가? 블록에 대해 알아보아요.

처음 만나는 블록		
팔레트	블록	블록 설명
제어	만약 ◯ (이)라면 / 아니면	육각형에 블록을 넣었을 때 그 조건이 성립되느냐/아니냐에 따라 각각 다른 명령을 실행하는 블록
감지	◯ 색에 닿았는가?	지정한 색에 닿으면 다음 명령을 실행하는 블록

조건은 한 가지가 될 수도 있고, 두 가지가 될 수도 있어. 그럼 **결과의 개수**도 달라지겠지?

 **만약 ~(이)리면 / 아니면** 블록은 앞에서 배운 대로 조건문이에요. '만약 ~라는' 조건이 성립되거나 성립되지 않을 때 실행할 각각이 명령 두 가지를 코딩하면 돼요.

 만약 ~(이)라면/아니면 블록을 활용해 보자.

❶ **고양이** 스프라이트에 아래 두 가지 조건과 결과를 넣어 코딩해 보자.
  ① 만약 마우스 포인터에 닿으면 고양이가 다음 모양으로 바꾸기
  ② 고양이가 마우스 포인터에 닿지 않으면 색깔 효과를 25만큼 바꾸기

❷ 위의 조건을 생각하며 어떤 블록을 활용하면 좋을지 한번 생각해 봐. 오른쪽과 같이 스크립트를 만들면 되겠지?

❸ ▶을 클릭해 봐. 고양이의 색깔이 계속 바뀌지? 이번에 고양이 스프라이트에 **마우스 포인터**를 대 보자. 고양이 색은 바뀌지 않고 모양이 계속 바뀌는 것을 볼 수 있을 거야.

❹ 이번엔 조건 안에 조건을 하나 더 추가해 볼까? 반복 안에 반복을 넣는 **중첩 반복**과 비슷한 거야.
  ① 만약 고양이가 벽에 닿으면 -10만큼 움직이기 10번 반복
  ② 고양이가 벽에 닿지 않으면 10만큼 움직이기
  ③ 만약 고양이가 벽에 닿지 않고, 마우스 포인터에 닿으면 다음 모양으로 바꾸기
  ④ 만약 고양이가 벽에 닿지 않고, 마우스 포인터에도 닿지 않으면 색깔 효과를 25만큼 바꾸기

❺ 오른쪽과 같이 스크립트를 만들어 봐.

❻ ▶을 클릭해 봐. 벽에 닿았을 때, 마우스 포인터에 닿았을 때 고양이의 색과 움직임의 변화가 어떻게 달라지는지 알겠지?

~색에 닿았는가? 블록을 활용하여 고양이가 풍선에 닿으면 사라지도록 코딩해 보자.

❶ **Balloon1** 스프라이트를 추가해.

❷ 고양이와 **Balloon**을 오른쪽 화면과 같이 배치하고, 스크립트를 만들어.

❸ 블록의 색을 바꿔야겠지? 풍선에 닿으면 고양이가 사라져야 하니 풍선색으로 지정해 주어야 해. **색**에 마우스 포인터를 대고 **왼쪽 버튼을 클릭**하면 색을 바꿀 수 있는 창이 나타날 거야.

❹ 색깔 정보창 아래에 있는 **스포이드**를 클릭하면 무대만 남기고 주변이 어두워져. 무대로 마우스를 가져가면 색깔을 지정할 수 있는 동그란 돋보기 같은 게 생겨. **풍선을 클릭**하자.

❺ 🚩을 클릭해 봐. **고양이**가 걸어가다가 **풍선**에 닿으면 사라지니? 그렇다면 코딩 성공!

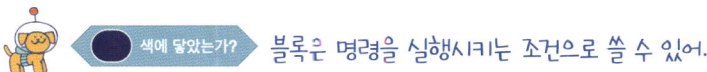

❻ 이번엔 만약 ~(이)라면 / 아니면 블록을 넣어보자. 먼저 **Balloon1** 스프라이트를 하나 더 추가하고, 모양 탭에서 노란 풍선으로 바꿔 주자.

❼ 오른쪽과 같이 풍선을 나란히 배치해.

❽ 고양이가 보이도록 맨 앞쪽으로 순서 바꾸기 블록을 추가한 다음, 만약 ~**색에 닿으면** 스프라이트를 숨기고, **닿지 않으면** 다음 모양으로 바꾸도록 코딩해 보자.

❾ ▶을 클릭해 봐. **고양이**가 걸어가다가 **풍선**에 닿으면 사라지니? 그렇다면 코딩 성공!

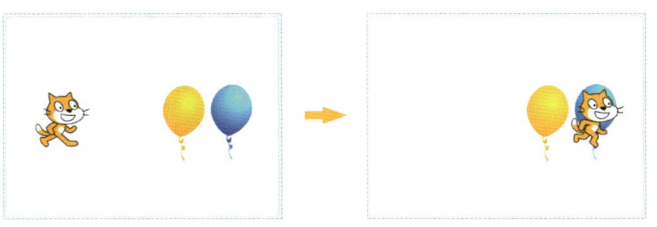

오늘의 코딩 핵심 정리

◆ **만약 ~라면/아니면 블록**

조건의 **맞다/아니다, 참이다/아니다**를 판단해서 그에 따른 결과를 내도록 해주는 블록

◆ **~색에 닿았는가? 블록**

스프라이트가 블록에 보이는 **색에 닿았을 때** 명령을 실행하는 블록. 이 블록을 활용하려면 **다른 스프라이트**나 **배경**이 필요해요.

◆ **~색에 닿았는가? 블록 색상 지정하기**

색깔 정보창 아래쪽의 **스포이드 모양 버튼**을 클릭하고 원하는 색을 클릭

30 기다리기

~까지 기다리기, ~색이 ~색에 닿았는가? 블록에 대해 알아보아요.

처음 만나는 블록		
팔레트	블록	블록 설명
제어	까지 기다리기	조건이 성립될 때까지 기다리는 블록
감지	색이 색에 닿았는가?	앞에 지정한 색이 뒤에 지정한 색에 닿았는지 판단하는 블록

영상QR코드

코딩을 효율적으로 하려면 똑같은 결과가 나오더라도 블록 수를 줄이는 것이 좋아!

 기다리기 블록에는 `메시지1 신호 보내고 기다리기` 와 `1초 기다리기` `~까지 기다리기` 블록이 있어요. 각각의 블록 기능들의 차이점에 대해 잘 생각해 보아요.

 `~까지 기다리기` 블록을 활용하여 고양이가 닿으면 강아지가 펄쩍 뛰어오르는 장면을 코딩해 보자.

❶ Dot 스프라이트를 추가하고, 두 개의 스프라이트를 오른쪽 화면과 같이 위치를 이동시켜.

❷ 고양이 스프라이트를 클릭하고 오른쪽과 같이 스크립트를 만들어.

❸ Dot 스프라이트를 클릭하고 오른쪽과 같이 스크립트를 만들어. 고양이가 닿을 때까지 기다렸다가 고양이가 닿으면 펄쩍 뛰어오르도록 하는 거야.

❹ 🏁 을 클릭해 봐. 어때? 고양이가 닿으니 깜짝 놀라 펄쩍 뛰어오르는 것 같지?

 `~까지 기다리기` 블록을 대체할 수 있는 블록이 있을까?

❶ `~까지 기다리기` 블록을 다른 조건 블록으로 바꿔보자. `만약 ~(이)리면` 블록을 이용하여 다음과 같이 스크립트를 작성해 봐. 잠깐! `만약 ~(이)리면` 블록을 활용할 때 **반복** 블록을 함께 사용해야 한다는 점, 잊지 않았니? 반복 블록이 없으면 클릭해도 스프라이트에 아무 변화가 없어.

❷ **Dot** 스프라이트를 클릭하고 오른쪽과 같이 스크립트를 만들어.

❸ 🏁을 클릭해 봐. `~까지 기다리기` 블록을 활용했을 때와 결과가 똑같을 거야.

❹ **10번 반복하기** 블록 값을 **2번**으로 바꿔 클릭해 봐. 어? 강아지가 움직이지 않지? 그럼 **5번**으로 바꿔 클릭해 보자. 여전히 강아지가 움직이지 않아. 10번 이하로 값을 수정하면 스프라이트가 반응하지 않아.

> 🐤 꼭 기억해! `만약 ~(이)라면` 블록처럼 조건 블록을 쓸 때 반복 블록은 10번으로 기본 설정 되어 있어. 다른 블록은 10번 다 명령을 반복하는 반면, 조건 블록만은 설정한 숫자만큼 반복되지 않아.

 두 개의 **하트**가 만나서 하나의 하트가 되도록 코딩해 보자.

❶ 스프라이트를 모두 삭제하고 **Heart** 스프라이트를 두 개 추가한 다음 각각 왼쪽과 오른쪽에 배치해 줘.

❷ **Heart** 스프라이트를 클릭하고 **모양 탭**에 가서 빨강, 보라색 하트 모두 **윤곽선 색**은 **없음**으로 지정해 줘.

❸ **Heart** 스프라이트를 클릭하고 **모양 탭**에 가서 **채우기 색**을 파란색으로 수정해. 하트가 파란색으로 바뀌었지? 윤곽선 색은 **없음**으로 지정해 줘.

❹ **Heart** 스프라이트 코드 탭으로 돌아가서 오른쪽과 같이 스크립트를 만들어 줘. `~색이 ~색에 닿았는가?` 블록의 색깔을 수정하는 방법은 157쪽에서 배운 대로 하면 돼.

❺ Heart2 스프라이트를 클릭하고 오른쪽과 같이 스크립트를 만들어 줘.

❻ ▶을 클릭해 봐. 빨간색 하트가 이동하여 파란색 하트에 닿자마자 보라색 하트로 바뀌지?

오늘의 코딩 핵심 정리

◆ ~까지 기다리기 블록

　조건이 맞을 때까지 기다리는 블록

◆ ~색이 ~색에 닿았는가? 블록

　앞에 지정한 색이 뒤에 지정한 색에 닿았는지 판단하는 블록

◆ 제어 카테고리 > 10번 반복하기 블록

　조건 블록을 쓸 때 반복 블록이 10번으로 기본 설정되어 있으므로, 다른 블록은 10번 다 명령을 반복하는 반면 조건 블록에만 설정한 숫자만큼 반복되지 않아요.

31 반복하기, 멈추기

똑같은 명령을 실행하는 블록이어도 그 결과는 조금씩 달라요.

영상QR코드

▼ ~까지 반복하기, 멈추기 모두, 스페이스 키를 눌렀는가? 블록에 대해 알아보아요.

처음 만나는 블록		
팔레트	블록	블록 설명
제어	까지 반복하기	조건이 참이 될 때까지 어떤 명령을 반복하는 블록
	멈추기 모두 ▼	명령과 실행 모두를 멈추는 블록
감지	스페이스 ▼ 키를 눌렀는가?	스페이스 키가 눌렸는지 감지하는 블록

스크립트가 무한 반복되다 보면 명령을 실행하다가 충돌을 일으킬 수 있으니 주의해야 해!

~까지 반복하기, 멈추기 모두 블록에 대해 알아보자.

❶ **고양이** 스프라이트를 클릭하고, 오른쪽과 같이 스크립트를 만들어.

❷ 🚩을 클릭해 봐. 고양이가 이동하다가 벽에 닿으니 멈췄지? **무한 반복하기** 블록을 사용했지만, **~까지 반복하기** 블록의 조건이 성립되자 멈춰 섰어.

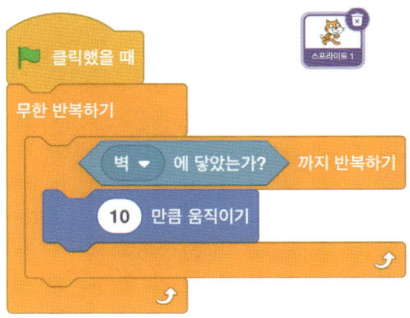

 `~까지 반복하기` 블록은 조건이 충족할 때까지 반복하게 하는 블록이야.

❸ 이번엔 **고양이**가 **바나나**에 닿으면 방향을 바꾸어 **사과** 쪽으로 이동하고, **사과**에 닿으면 멈추도록 코딩해 보자. **Bananas**와 **Apple** 스프라이트를 추가하고 위와 같이 배치한 다음, 스크립트를 만들어 보자.

❹ 🚩을 클릭해 봐. **고양이**가 **바나나**에 닿으니 방향을 바꿔 **사과** 쪽으로 이동할 거야. **사과**에 닿으면 멈추지? `멈추기 모두` 블록이 **무한 반복하기**나 **~까지 반복하기** 명령을 모두 멈추도록 한 거야.

멈추기 모두 블록이 다른 기능어 대해 좀 더 알아보자.

❶ 앞에서 작성한 스크립트에 이어서 병렬 스크립트를 만들어 보자. 오른쪽과 같이 스크립트를 하나 더 만들고, 앞에서 만든 기존 스크립트의 `멈추기 모두` 블록의 ▼를 눌러 **이 스크립트**로 수정해.

❷ ▶을 클릭해 봐. 고양이가 사과에 닿아 멈추고 난 후에도 색깔이 계속 바뀔 거야.

❸ 이번엔 `멈추기 모두` 블록의 ▼를 눌러 **이 스프라이트에 있는 다른 스크립트**로 수정해.

❹ ▶을 클릭해 봐. 고양이가 사과에 닿아도 멈추지 않고 계속 가지? 대신 색이 바뀌는 게 멈출 거야.

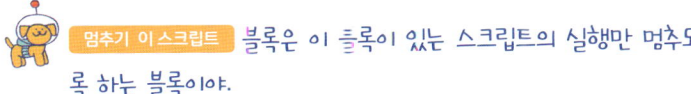

`멈추기 이 스크립트` 블록은 이 블록이 있는 스크립트의 실행만 멈추도록 하는 블록이야.

 스페이스 키를 눌렀는가? 블록과 **스페이스 키를 눌렀을 때** 블록을 비교해 보자.

❶ 고양이 스프라이트를 하나 더 **복사**하고, 스프라이트 1과 2를 각각 클릭하여 다음과 같이 스크립트를 만들자.

❷ ▶을 클릭해 봐. 고양이 두 마리가 제자리에서 점프할 거야. 전혀 다른 점을 찾을 수가 없어.

❸ 점프로는 큰 차이가 확인되지 않으니 방향 키를 눌렀을 때의 움직임을 스크립트로 작성해 비교해 보자. 아래와 같이 스크립트를 수정하고 🏳을 클릭해 봐.

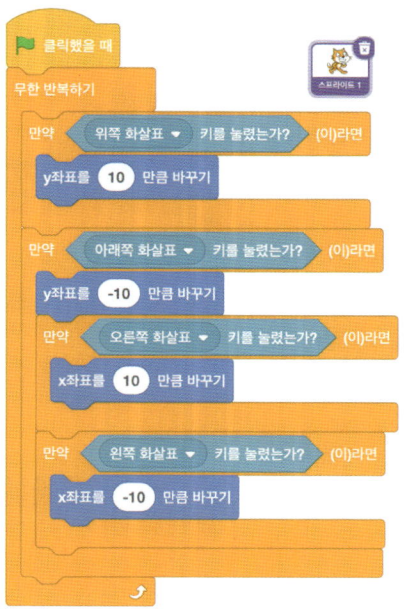

❹ 어때? 감지 카테고리의 블록을 쓴 **스프라이트1** 고양이가 훨씬 더 잘 움직이지? 스크립트가 복잡해지는 프로젝트일수록 감지 카테고리의 블록이 **끊김이 없이 더 자연스럽게 구현**된다는 장점이 있어.

오늘의 코딩 핵심 정리

◆ ~까지 반복하기 블록

조건이 참이 될 때까지 어떤 명령을 반복하는 블록

◆ 멈추기 모두 블록

현재 선택된 스프라이트의 명령과 실행 **모두를 멈추는** 마감 블록. 멈추기 모두 블록의 다른 기능은 스크립트가 병렬 구조일 때 사용하는 기능이에요.

* **멈추기 이 스크립트** : 병렬구조의 스크립트에서 이 블록이 있는 스크립트의 실행만 멈추도록 하는 블록
* **멈추기 이 스프라이트에 있는 다른 스크립트 블록** : 이 블록이 있는 스크립트가 아닌 다른 스크립트의 실행을 멈추는 블록

32 복제하기

영상QR코드

▼ 복제되었을 때, 나 자신 복제하기, 이 복제본 삭제하기 블록에 대해 알아보아요.

팔레트	블록	블록 설명
제어	복제되었을 때	선택된 스프라이트가 복제되었을 때 명령을 실행하는 블록
	나 자신 ▼ 복제하기	선택한 스프라이트를 복제하는 블록
	이 복제본 삭제하기	복제된 스프라이트를 삭제하는 블록

복제란 무대에 보이는 스프라이트의 모양이 복사되는 걸 말해. 마치 분신술과 같은 거지.

 복제는 나자신 복제하기 블록을 사용해서 복제하고, 복제되었을 때 블록을 이용해 명령을 실행한 다음, 이 복제본 삭제하기 블록을 이용해 복제본을 삭제하는 과정으로 이루어져요.

 복제되었을 때, 나 자신 복제하기 블록에 대해 알아보자.

❶ 고양이 스프라이트를 클릭하고, 오른쪽과 같이 스크립트를 만들어.

❷ ▶을 클릭해 봐. 고양이가 랜덤 위치에 한 마리 복사되었지?

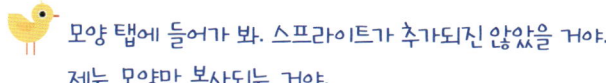 모양 탭에 들어가 봐. 스프라이트가 추가되진 않았을 거야. 복제는 모양만 복사되는 거야.

❸ 이번엔 **반복하기** 블록을 활용하여 고양이를 더 많이 복제해 보자. 오른쪽과 같이 스크립트를 만들고 ▶을 클릭해 봐. 랜덤 위치에 **10마리의 고양이**가 만들어질 거야.

❹ 반복하기 블록이 복제되었을 때 스크립트에도 활용해 볼까? 오른쪽 맨 아래와 같이 스크립트를 만들고 ▶을 클릭해 봐. 랜덤 위치에 **10마리의 고양이**가 만들어지고, 위치도 랜덤으로 10번 반복하며 바뀔 거야.

고양이 스프라이트와 공 스프라이트를 복제해 보자.

❶ **고양이** 스프라이트의 스크립트는 모두 삭제하고 **Ball** 스프라이트를 추가한 후 고양이 아래쪽으로 이동해. 무한으로 복제되도록 오른쪽과 같이 스크립트를 만들어 봐.

❷ 🏁을 클릭해 봐. **Ball**이 무한으로 복제되지?

❸ 그럼 스페이스 키를 눌렀을 따 **Ball**이 모두 사라지도록 오른쪽과 같이 스크립트를 추가해 보자.

❹ 🏁을 클릭하고 **Ball**이 무한으로 복제될 때 **스페이스 키**를 눌러 봐. 지금까지 복제되었던 **Ball**이 사라질 거야.

 `나 자신 복제하기` 블록의 ▼를 눌러 다른 스프라이트를 지정하면 다른 스프라이트를 복제하도록 할 수 있어.

❺ 이번엔 **고양이** 스프라이트를 클릭하고 오른쪽과 같이 스크립트를 만들어.

❻ 🏁을 클릭하고 **고양이**가 무한으로 복제될 때 **윗쪽 화살표** 키를 눌러 봐. 지금까지 복제되었던 **고양이**가 사라질 거야.

 `이 복제본 삭제하기` 블록은 복제된 스프라이트를 삭제하는 마감 블록으로 이 블록 아래로 다른 블록은 결합할 수 없어.

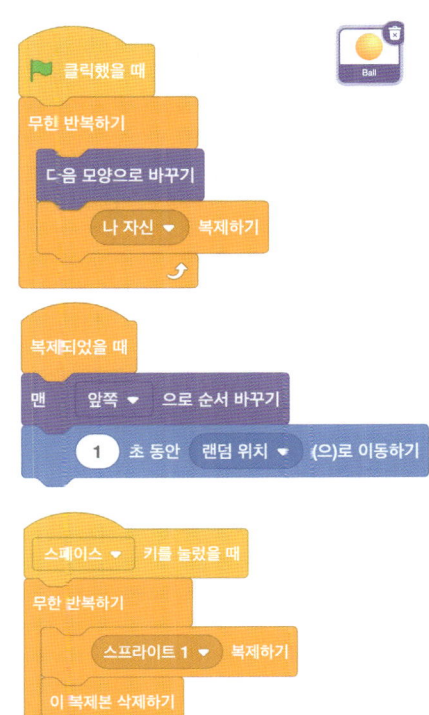
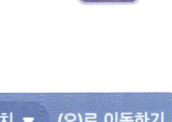

❼ 이번엔 좀 더 재미있는 장면을 코딩해 볼까? 고양이가 무한히 복제되면서 이동할 때 색깔이 변하도록 해보자. 이때 스프라이트를 클릭하면 복제본을 삭제하도록 아래와 같이 스크립트를 만들어 봐.

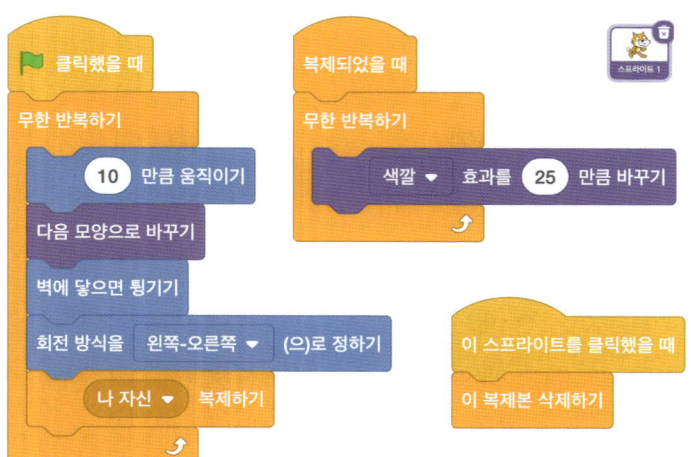

오늘의 코딩 핵심 정리

◆ **나 자신 복제하기 블록**

선택한 스프라이트를 복제하는 블록

◆ **복제되었을 때 블록**

선택된 스프라이트가 복제되면서 이 블록 아래에 명령들을 실행하는 블록. 복제된 스프라이트는 본체가 하나이기 때문에 본체 스프라이트의 블록 스크립트의 영향을 같이 받아요.

◆ **이 복제본 삭제하기 블록**

복제된 스프라이트를 삭제하는 블록. 이 아래로 다른 블록은 결합할 수 없어요.

33 묻고 기다리기

영상QR코드

▼ 너 이름이 뭐니?라고 묻고 기다리기, 대답 블록에 대해 알아보아요.

처음 만나는 블록		
팔레트	블록	블록 설명
감지	너 이름이 뭐니? 라고 묻고 기다리기	선택한 스프라이트가 상대에게 질문하고, 상대가 입력창에 답을 입력할 때까지 기다리는 블록
	대답	대답 입력창에 쓴 값을 가리키는 블록

질문을 했을 때 직접 답을 하고,
그 답이 맞는지 틀린지 판단해서
다시 더답하는 장면을 코딩할 수 있어.
정말 코딩으로 못하는 게 없지?

 오늘 배울 블록의 숨겨진 기능을 알려면 **연산 카테고리**의 블록에 대해서도 알아야 해요. 오늘은 아주 간단한 것만 배워보도록 해요.

 너 이름이 뭐니?라고 묻고 기다리기 블록에 대해 알아보자.

❶ 고양이 스프라이트를 클릭하고, 오른쪽과 같이 스크립트를 만들어.

❷ ▶을 클릭해 봐. 무대에서 고양이가 질문을 하고, 그 아래로 대답을 적을 수 있는 창이 나타날 거야.

> 너 이름이 뭐니?라고 묻고 기다리기 블록은 그 아래에 있는 대답 블록과 짝꿍처럼 쓰여.

❸ Bat 스프라이트를 추가하고, 오른쪽 같이 스크립트를 만들자.

❹ ▶을 클릭하고, 대답 입력창에 **난 빠지라고 해.**라고 입력해 봐. 어? 그런데 박쥐의 대답이 보이지 않지?

❺ 이런 경우가 예전에도 있었는데 기억나니? 맞아. 바로 **만약 ~라면** 블록과 **마우스 포인터에 닿았는가?** 블록을 결합했을 때도 그랬어. 클릭하면 마우스 포인터가 스프라이트에 닿기도 전에 이미 실행되어서 타이밍을 놓쳐버린 거야.

❻ 오른쪽과 같이 스크립트를 만들고 ▶을 클릭한 다음, 대답 입력 창에 **난 빠지라고 해.**라고 입력해 봐. 이제 박쥐가 말하는 모습이 보일 거야.

❼ ▶클릭했을 때 블록 대신에 이 스프라이트를 클릭했을 때 블록을 써도 똑같은 결과를 얻을 수 있어.

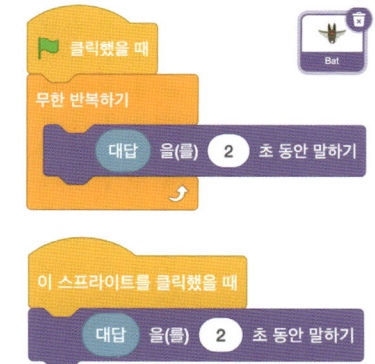

연산 카테고리의 블록을 활용하여 묻고 답하기 장면을 코딩할 수 있어.

❶ **고양이** 스프라이트를 클릭하고, 오른쪽과 같이 스크립트를 만들어.

❷ `너 이름이 뭐니?라고 묻고 기다리기` 블록 아래에 **만약 ~라면** 블록을 넣고 육각형 모양 안에 **연산** 카테고리의 `= 50`를 넣어. 여기에 **감지** 카테고리의 `대답` 블록을 끼워 넣는 거야.

❸ ▶을 클릭해 봐. **고양이**가 질문하는 모습이 나타날 거야. 대답 입력창에 **냐옹쓰**라고 정답을 쓰면 고양이가 **맞았어! 내 이름은 냐옹쓰라고 해.**라고 말하고, 틀린 답을 쓰면 **틀렸어! 다시 생각해 봐.**라고 말할 거야.

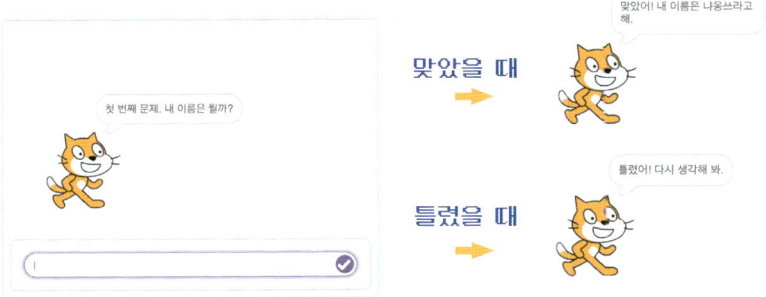

 '묻고 답하기'는 '연산'과 같이 대답을 감지해서 그에 따른 판단을 한 후 각각 다른 명령 결과를 내놓지.

❹ 그런데 한 번 답을 틀리면 다시 정답을 써도 고양이가 대답하지 않지? 정답을 맞힐 때까지 질문을 반복하려면 어떻게 해야 할까? 맞아! **무한 반복하기** 블록을 넣으면 돼!

오늘의 코딩 핵심 정리

◆ 너 이름이 뭐니?라고 묻고 기다리기 블록

선택한 스프라이트가 상대에게 **질문**하고 상대가 입력창에 질문에 대한 **답을 입력할 때까지 기다리는** 블록. **대답** 블록과 짝꿍처럼 쓰여요.

◆ 묻고 답하기 블록

연산 블록과 같이 쓰면 내 대답을 감지해서 **조건에 따른 판단**을 한 후, 각각 다른 명령 결과를 나타낼 수 있어요.

◆ 정답을 맞힐 때까지 반복하려면

무한 반복 블록을 **조건** 블록에 씌워주면 원하는 대답이 나올 때까지 계속해서 묻고 답하는 스크립트를 만들 수 있어요.

나의 코딩 노트

---

34 드래그, 타이머 활용하기

이번 시간에는 **드래그**와 **타이머**에 대해 알아볼 거예요. 낯설지만, 어렵지 않아요.

영상QR코드

▼ 드래그 모드를 드래그 할 수 있는 상태로 정하기, 타이머 초기화, 타이머 블록에 대해 알아보아요.

처음 만나는 블록

팔레트	블록	블록 설명
감지	드래그 모드를 드래그 할 수 있는 ▼ 상태로 정하기	사용자가 프로젝트를 실행할 때 사용자의 행동을 통제할 수 있는 블록
	타이머 초기화	타이머 값을 0으로 초기화하는 블록
	타이머	프로젝트가 실행될 때부터 자동으로 시간을 측정해서 알려 주는 블록

드래그는 마우스의 버튼을 누른 채 화면 위의 커서를 어떤 점에서 다른 점까지 움직인 후 버튼을 떼는 동작을 말해.

 드래그 블록은 스프라이트가 직접 실행하도록 하는 블록이라기보다 스크립트가 실행될 때 사용자가 드래그할 수 있도록 하는 블록이에요.

 드래그 모드를 드래그 할 수 있는 상태로 정하기 블록에 대해 알아보자.

❶ Apple 스프라이트를 추가하고, 오른쪽과 같이 스크립트를 만들어.

❷ 을 클릭해 봐. 고양이가 앞으로 이동하다가 사과에 닿으면 색깔이 변할 거야.

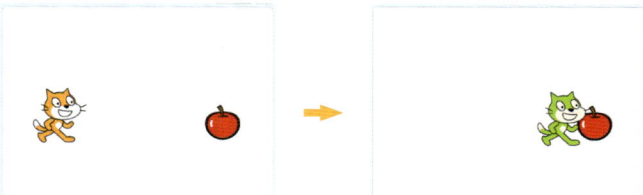

🐤 만약 사과가 다가오는 고양이를 피하고 싶다면? 우리가 코딩하는 무대에서는 사과를 클릭하여 이리저리 움직여 피할 수 있어. 하지만 이 프로젝트를 다른 사람들과 공유하고 나면 불가능해. 우리가 지금 코딩하고 있는 화면은 '코드 편집 모드'지만, 공유하고 나면 '사용자 모드'로 변하기 때문이야.

 코드 편집 모드와 **사용자 모드의 차이**에 대해 알아보자.

❶ **코드 편집 모드**란 직접 스프라이트와 배경을 추가해 수정하고 스크립트를 만들어 실행 명령을 주며, 프로젝트를 완성할 수 있는 상태를 말해. 우리가 코딩하는 스크래치 화면을 말하는 거야.

❷ **사용자 모드**란 카테고리 창이나 스크래치의 툴, 상태창 등이 보이지 않고 오로지 **프로젝트가 실행되는 결과**만 보이는 상태를 말해. 사용자가 그 프로젝트를 경험해 볼 수 있게 한 상태를 말하지. 사용자 모드는 우리가 만든 프로젝트를 **공유**해 다른 사람들이 실행해 볼 때 보이는 거야.

❸ 무대 오른쪽 위의 ⛶ (**전체화면**) 버튼을 누르면 **사용자 모드**를 미리 볼 수 있어. 한 번 해 봐.

사용자 모드에서 Apple 스프라이트를 이동시킬 수 있을까?

❶ Apple 스프라이트를 클릭하고 오른쪽과 같이 스크립트를 작성해.

❷ 을 눌러 사용자 모드로 전환한 다음, 🏁을 클릭하고 사과를 클릭하여 움직여 보자. 어때? 사과를 원하는 대로 움직일 수 있지?

🐤 드래그 모드 블록에 있는 ▼를 눌러 '드래그 모드를 드래그 할 수 없는 상태로 정하기'로 값을 수정할 수 있어.

 타이머, 타이머 초기화 블록에 대해 알아보자.

❶ 감지 카테고리에서 `타이머` 블록 옆 체크박스를 선택하고 🏁을 클릭한 뒤 무대창의 변화를 확인해 봐. 무대 위쪽에 프로젝트가 실행되는 시간을 측정하는 창이 나타날 거야.

❷ `타이머 초기화` 블록은 말 그대로 이 블록이 실행되었을 때 타이머가 0부터 다시 시작하게 할 수 있는 블록이야.

🐤 `타이머` 블록을 활용해서 기준 시간 내에 미션을 성공하면 다음 미션이 새로 생성되거나 기준 시간을 넘으면 다시 처음부터 프로젝트가 실행되게 하는 등의 스크립트를 작성할 수 있어.

오늘의 코딩 핵심 정리

◆ **드래그 모드를 드래그할 수 있는 상태로 정하기 블록**

스크래치의 스프라이트가 직접 실행하도록 하는 블록이라기보다 **사용자**가 스크립트가 실행될 때 **드래그할 수 있도록 하는** 블록. 사용자가 프로젝트를 실행할 때 사용자의 행동을 **통제**해요.

◆ **타이머 블록**

프로젝트가 실행될 때부터 **자동**으로 **시간**을 **측정**해서 알려 주는 블록

◆ **타이머 초기화 블록**

이 블록이 실행되었을 때 타이머가 **0부터 다시 시작하게** 할 수 있는 블록

나의 코딩 노트

----

35. +, -, *, / 기호와 난수 활용하기

▼ +, -, *, /의 연산 블록과 1~10 사이의 난수 블록에 대해 알아보아요.

처음 만나는 블록

팔레트	블록	블록 설명
연산	⬭ + ⬭ ⬭ - ⬭	입력된 두 수를 더해서(빼서) 계산하는 블록
	⬭ * ⬭ ⬭ / ⬭	입력된 두 수를 곱해서(나눠서) 계산하는 블록
	1 부터 10 사이의 난수	정해진 구간 사이에서 랜덤으로 숫자를 정하는 블록

난수란 두작위로 만들어진 수를 말해. 다음에 어떤 수가 나올지 미리 예측하기 힘들다는 거지.

 **연산**이란 수학에서 식이 나타낸 일정한 규칙에 따라 계산하는 걸 말해요. 연산 블록들은 숫자뿐 아니라 위치나 모양, 문자 등도 식으로 만들어 나타낼 수 있게 해준답니다.

 + , − , * , /(사칙연산) 블록에 대해 알아보자.

❶ 고양이 스프라이트를 클릭하고, 오른쪽과 같이 스크립트를 만들어.

❷ 🏁을 클릭하여 고양이가 정답을 말하는지 확인해 봐.

+ , − , * , / 는 처음부터 차례대로 더하기, 빼기, 곱하기, 나누기를 의미하는 기호야.

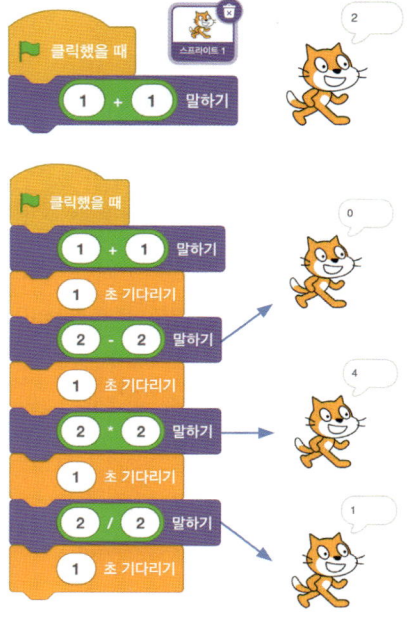

 x 좌표 값과 y 좌표 값을 더하도록 코딩해 보자.

❶ 고양이 스프라이트를 클릭하고, 고양이를 원하는 곳으로 이동시킨 다음, 오른쪽과 같이 스크립트를 만들어.

❷ 🏁을 클릭해 봐. 고양이가 현재 x, y 좌표의 위치 값을 더해서 말할 거야. 이렇게 입력창에 좌표뿐 아니라 방향, 크기 등의 데이터 블록을 넣어주면 고양이가 계산 블록에 맞춰 계산한 답을 알려 줘.

1~10 사이의 난수 블록에 대해 알아보자.

❶ 기존 스크립트를 삭제하고 `클릭했을 때` 블록과 `x:~ y:~ (으)로 이동하기` 블록을 연결하여 고양이의 **기본 위치**를 정해 줘.

❷ 고양이를 **다른 위치**로 옮긴 뒤, 오른쪽과 같이 `1초 동안 x:~ y:~ (으)로 이동하기` 블록을 연결해. x 좌표에 `1 부터 10 사이의 난수` 블록을 끼워 넣고, 값을 **-100**과 **100**으로 수정해 줘.

❸ 🏁을 여러 번 클릭하면서 고양이가 어떻게 움직이는 확인해 보자. 내가 지정한 x 좌표의 -100과 100 사이에서 랜덤으로 위치가 정해지면서 고양이가 움직이는 걸 볼 수 있을 거야.

❹ 스프라이트 > 댄스 카테고리에서 Champ99와 D-money stance 스프라이트를 추가하고 고양이 스프라이트는 삭제해. 두 댄서가 나란히 서도록 이동시켜 줘.

❺ 각각 아래와 같이 스크립트를 만들자. 모양 탭에 가 보면 Champ99는 7개, D-money는 12개의 모양이 있는 걸 볼 수 있을 거야. D-money 스프라이트에는 **1부터 12 사이의 난수** 블록을 결합시켜 줘.

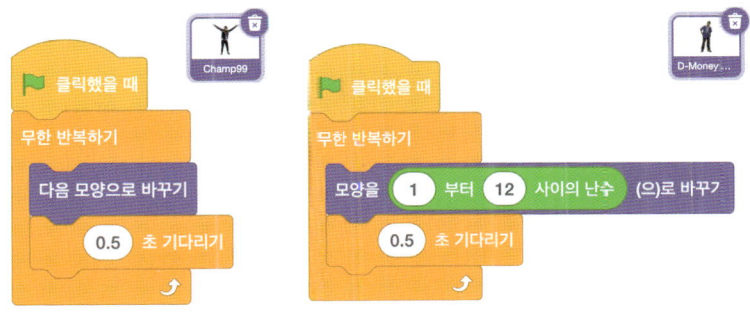

❻ 🏁을 여러 번 클릭하면서 댄서들의 움직임이 어떻게 바뀌는지 확인해 봐. Champ99는 **다음 모양으로** 차례로 바뀌고, D-money는 12개의 모습 중에서 **랜덤으로** 바뀌는 걸 확인했다면 코딩 성공!

오늘의 코딩 핵심 정리

◆ **연산 블록**

연산 블록들은 **데이터**를 다룰 때 쓰여요. 단순히 숫자뿐 아니라 위치나 모양, 문자 등도 **식**으로 만들어 나타낼 수 있게 해줍니다.

◆ **계산 블록**

계산 블록은 숫자뿐 아니라 **코딩에서 쓰는 데이터**도 계산해 주는 블록이에요.

◆ **1~10 사이의 난수 블록**

내가 지정한 값 사이에서 **순서나 규칙을 가지지 않는 값**으로 명령을 실행해 주는 블록이에요.

나의 코딩 노트

36 부등호 블록 활용하기

영상QR코드

▼ 입력값>50, 입력값<50, 입력값=50 블록에 대해 알아보아요.

처음 만나는 블록

팔레트	블록	블록 설명
연산	⬭ > 50	입력된 값이 50보다 큰지 계산하는 블록
	⬭ < 50	입력된 값이 50보다 작은지 계산하는 블록
	⬭ = 50	입력된 값이 50과 같은지 계산하는 블록

부등호 기호는 조건 블록과 같이 쓰여.
말하자면 참이냐 아니냐를
판단해 주는 블록이라고 할 수 있지.

부등호 블록에 대해 알아보자.

❶ **고양이** 스프라이트를 클릭하고, 오른쪽과 같이 스크립트를 만들어 보자. **부등호** 기호는 **조건** 블록과 같이 쓰인다는 것, 잊지 마!

❷ 🏁을 클릭하여 고양이가 움직이는지 확인해 봐. **1+1=2**, 50보다 **작은 값**이기 때문에 움직이지 않지?

❸ 이번엔 값을 수정하여 다시 스크립트를 만들어 보자.

❹ 🏁을 클릭하여 고양이가 움직이는지 확인해 봐. **30+30=60**, 50보다 **큰 값**이기 때문에 고양이가 50만큼 앞으로 움직일 거야.

 부등호 블록은 참이냐, 거짓이냐를 판단해서 실행하는 블록이야.

❺ 이번엔 = 기호가 들어간 블록을 활용하여 다시 스크립트를 만들어 보자.

❻ 🏁을 클릭하여 고양이가 움직이는지 확인해 봐. 1+1=2, 1*1=1로 두 값이 같지 않기 때문에 고양이가 움직이지 않아.

 부등호 블록을 이용해 선물 고르는 상황을 코딩해 볼까?

❶ **고양이** 스프라이트를 클릭하고, 오른쪽과 같이 스크립트를 만들어 보자. **부등호** 기호는 **조건** 블록과 같이 쓰인다는 것, 잊지 마!

❷ 🏁을 클릭하여 고양이가 움직이는지 확인해 봐. **1+1=2**, 50보다 **작은 값**이기 때문에 움직이지 않지.

부등호 블록을 이용해 선물 고르는 상황을 코딩해 볼까?

❶ Gift 스프라이트를 추가하고, 스프라이트 썸네일에 마우스를 대고 오른쪽 버튼을 클릭해 하나 더 만들어 줘.

❷ 복사된 Gift2 스프라이트를 선택하고 모양 탭에 가서 파란색 선물 모양을 선택해.

❸ Gift 스프라이트를 선택하고 모양 탭에 가서 파란색 선물 모양을 삭제한 후, 화면 왼쪽 아래의 스프라이트 추가 버튼을 이용해 Key 스프라이트 모양을 추가해 줘.

❹ 각각의 스프라이트를 오른쪽 화면과 같이 배치한 뒤, 각각의 스프라이트를 클릭하고 아래와 같이 스크립트를 만들어.

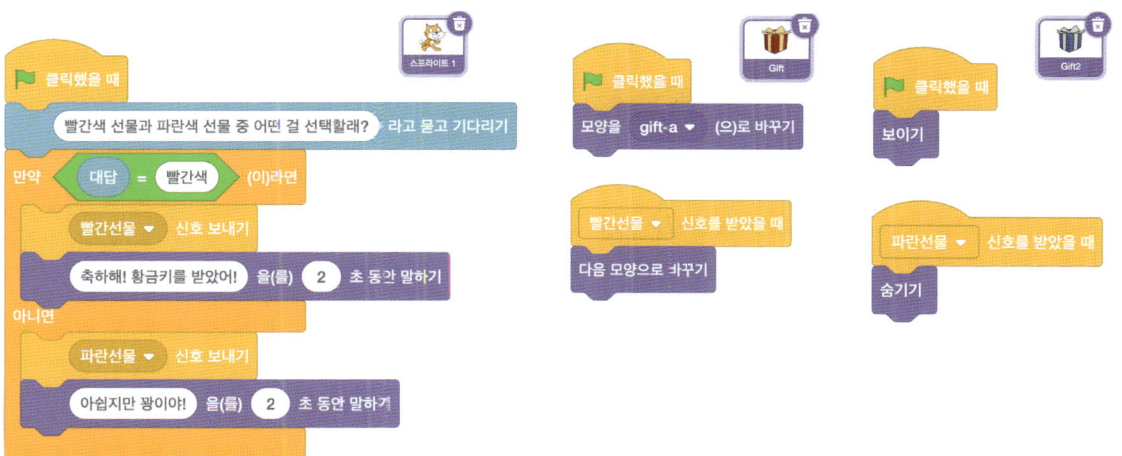

❺ 🚩을 클릭하고 대답 입력창에 빨간색, 파란색을 각각 입력했을 때 결과가 어떻게 달라지는지 확인해 봐.

[빨간색 선물을 선택했을 때]

[파란색 선물을 선택했을 때]

오늘의 코딩 핵심 정리

◆ **부등호 블록**

부등호 블록은 조건 블록과 같이 쓰이며, **참이냐 아니냐**를 **판단**해 주어요. 부등호 블록은 숫자뿐 아니라 **데이터** 블록을 결합시켜 스프라이트나 배경의 스크립트에 영향을 줄 수 있답니다.

◆ **부등호** 블록 + **만약** 조건문

부등호 블록 역시 **만약**의 조건문을 써서 **복합 조건문**과 **중첩 조건문**을 만들 수 있어요.

나의 코딩 노트

37. 논리, 연산 블록 활용하기

▼ 그리고, 또는, ~이(가) 아니다 블록에 대해 알아보아요.

팔레트	블록	블록 설명
연산	그리고	양쪽의 값이 모두 참인지 판단하는 블록
	또는	양쪽의 값 중 하나라도 참인지 판단하는 블록
	이(가) 아니다	입력된 값을 부정하는 블록

처음 만나는 블록

영상QR코드

이 부사들은 코딩 언어인 **파이썬, C언어** 등에서 and, or, not 과 같은 **논리연산자**로 쓰이기 때문에 개념을 잘 알아두면 좋아.

그리고, 또는 블록에 대해 알아보자.

❶ 지난 시간에 **부등호** 블록을 알아보면서 작성했던 스크립트를 불러오자. 메뉴바의 (**내 작업실**)을 클릭하여 저장된 파일을 불러오면 돼.

❷ 이전 스크립트는 빨간색, 파란색이 아닌 다른 답변을 제시해도 결국 파란색 선물 상자가 선택되는 아쉬운 점이 있었어. **논리 연산** 블록을 이용해 그 점을 해결해 보자.

❸ `그리고` 블록을 가져와 스크립트에 있던 `대답 = 빨간색` 블록을 `그리고` 블록의 왼쪽 빈 칸에 결합해 줘.

❹ `= 50` 블록을 하나 더 가져와 `대답 = 빨간 선물` 이라고 값을 수정한 후 `그리고` 블록의 오른쪽 빈 칸에 결합해 줘.

❺ ▶을 클릭하고 대답 입력창에 **빨간색**, **빨간 선물**이라고 입력해 보며 스프라이트의 변화를 확인해 봐. 스크립트가 실행되지 않지? 왜 그럴까?

'그리고' 블록은 양쪽에 들어가는 값이 모두 참일 때, 즉 둘 다 맞는 말인지 판단해 주는 블록이야. 우리는 둘 중 하나만 입력했으니 원하는 대로 스크립트가 실행되지 않는 거야.

❻ 빨간색, 빨간 선물 중 아무거나 썼을 때 둘 다 빨간색 선물이 선택되게 하려면 `또는` 블록을 써야 해. `또는` 블록을 가져와 `그리고` 블록에 결합되어 있던 블록들을 옮겨 주자. 오른쪽 같이 스트립트를 만들면 돼.

❼ ▶을 클릭하고 대답 입력창에 **빨간색**, **빨간 선물**이라고 입력해 보며 스프라이트의 변화를 확인해 봐.

논리연산 블록을 이용해 스프라이트 크기를 조절해 볼까?

❶ Dot 스프라이트와 Chick 스프라이트를 추가한 후, 다음과 같이 삼각형 구도로 위치를 잡아 줘.

❷ 고양이, Dot, Chick 스프라이트를 각각 클릭하여 아래와 같이 스크립트를 만들어 줘.

❸ 세 스프라이트 중 어떤 스프라이트가 커지고 어떤 스프라이트가 작아질지 먼저 예상해 본 다음, ▶을 클릭하고 확인해 봐.

오늘의 코딩 핵심 정리

◆ **그리고 블록**

양쪽에 들어가는 값이 **모두 참인지**, 즉 둘 다 맞는 말인지 판단하는 블록

◆ **또는 블록**

양쪽에 들어가는 값 중에 **하나라도 맞는지** 판단하는 블록

◆ **~이 아니다 블록**

넣은 값을 부정하는 블록, 즉 넣은 값과 **정반대로 판단하는** 블록

나의 코딩 노트

38 가위와 나무 결합하기

▼ 가위와 나무 결합하기 블록에 대해 알아보아요.

팔레트	블록	블록 설명
	처음 만나는 블록	
연산	가위 와(과) 나무 결합하기	입력된 두 값을 하나의 문자열로 결합하는 블록
감지	사용자 이름	사용자 이름을 저장하는 블록
	현재 년 ▼	현재 년의 값을 저장하는 블록

이 블록 역시 혼자서는 실행되지 않아.
명령을 실행할 수 있는
다른 블록과 결합시켜 써야 해.

가위와 나무 결합하기 블록에 대해 알아보자.

❶ 오른쪽과 같이 스크립트를 만들고, 🚩을 클릭해 봐. 그냥 단어를 이어서 말하는 것뿐이지?

❷ 오른쪽과 같이 스크립트를 만들고, 🚩을 클릭해 봐. 스프라이트가 가지는 **x 좌표의 데이터**와 **입니다**를 결합해 말할 거야.

❸ 오른쪽과 같이 스크립트를 만들고, 🚩을 클릭해 봐. x, y 좌표의 값을 말하긴 하지만, 숫자만 나열되어 있어서 다른 사람들은 알아보기 힘들어.

❹ 아래와 같이 스크립트를 만들고, 🚩을 클릭해 봐. 이제 제대로 된 문장으로 말할 거야.

❺ 스프라이트를 다른 위치로 이동시킨 후 다시 🚩을 클릭해 봐. x 좌표와 y 좌표의 값이 소수점 뒤의 숫자까지 길게 표시되는 것을 확인할 수 있어.

 소수점 뒤의 숫자를 없애주는 방법은 다음에 다른 블록을 알아보면서 알려 줄게!

논리연산 블록을 이용해 고양이와 대화하는 블록을 만들어 보자.

❶ `클릭했을 때` 블록과 `안녕!을 2초 동안 말하기` 블록을 연결하고 `안녕!을 2초 동안 말하기` 블록을 6개 더 복사해 줘.

❷ 아래와 같이 스크립트를 작성하고, 🏁을 클릭해 봐.

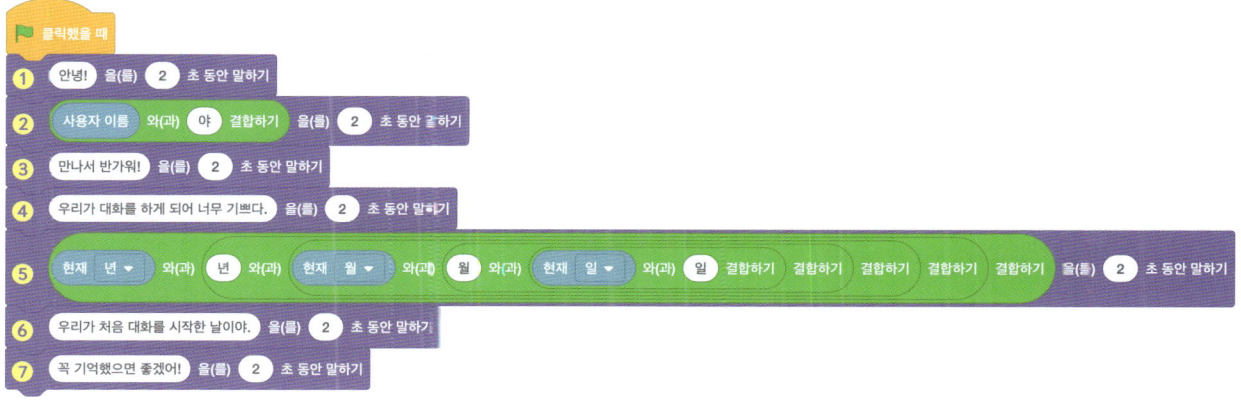

① `안녕!을 2초 동안 말하기` : 그대로 유지

② `가위 와(과) 나무 결합하기` : 왼쪽 칸 → `사용자 이름` , 오른쪽 칸 → 아, 야 중 이름을 부를 때 자연스러운 말을 입력

③ `안녕!을 2초 동안 말하기` : 안녕! → 만나서 반가워!로 수정

④ `안녕!을 2초 동안 말하기` : 안녕! → 우리가 대화를 하게 되어 너무 기쁘다.로 수정

⑤ `가위 와(과) 나무 결합하기` : 오른쪽 칸에 연속적으로 `가위 와(과) 나무 결합하기` 연결(총 5개) → `현재 년` 홀수 칸에 결합 후 블록 값 수정

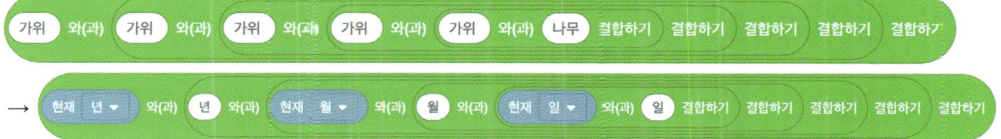

⑥ `안녕!을 2초 동안 말하기` : 안녕! → 우리가 처음 대화를 시작한 날이야.로 수정

⑦ `안녕!을 2초 동안 말하기` : 안녕! → 꼭 기억했으면 좋겠어!로 수정

오늘의 코딩 핵심 정리

◆ **가위와 나무 결합하기 블록**

두 개의 값을 하나의 문자열로 **결합**하는 블록

◆ **사용자 이름 블록**

스크래치에 **로그인**이 되어 있어야 사용할 수 있어요.

◆ **현재 년 블록**

현재 **연도**와 **날짜**, **요일**, **시간**을 알려 주는 블록

나의 코딩 노트

39 문자열 만들기

영상QR코드

▼ 가위의 1번째 글자, 가위의 길이, 가위가 가를 포함하는가? 블록에 대해 알아보아요.

처음 만나는 블록

팔레트	블록	블록 설명
연산	가위 의 1 번째 글자	입력한 위치인 1번째 글자의 값을 저장하는 블록
	가위 의 길이	단어의 길이를 알려 주는 블록
	가위 이(가) 가 을(를) 포함하는가?	가위은 '가'를 포함하는지 판단하는 블록

코딩으로 할 수 있는 게 생각보다 많지?
랜덤으로 이름을 만들 수도 있고,
끝말잇기 게임을 만들 수도 있어!

가위의 1번째 글자 블록에 대해 알아보자.

❶ 오른쪽과 같이 스크립트를 만들고, ▶을 클릭해 봐.
가위의 1번째 글자는 **가**야.

❷ 오른쪽과 같이 스크립트를 만들고, ▶을 클릭해 봐. **가**와 **나무**를 이어서 말하지?

❸ 오른쪽과 같이 스크립트를 만들고, ▶을 클릭해 봐. 고양이 스프라이트의 기본 크기는 100%이므로 100과 100의 첫 번째 글자인 1이 결합되어 **1001**이라는 결과가 나오는 걸 확인할 수 있을 거야.

 랜덤으로 이름을 만들어 보자.

❶ 아래와 같이 스크립트를 만들자. 먼저 `가위 의 1 번째 글자` 블록을 가져와 왼쪽 칸에는 **내 이름**을 넣고, 오른쪽 칸에는 **내 이름 중 바뀌지 않을 글자가 몇 번째인지**를 넣어. 이 블록을 `가위 와(과) 나무 결합하기` 블록의 **왼쪽 칸**에 결합시켜.

❷ `가위 의 1 번째 글자` 를 하나 더 가져와. 왼쪽 칸에는 **가나다라마바사아자차카타파하**를 넣고 오른쪽 칸에는 `1 부터 10 사이의 난수` 블록을 넣고 10을 14로 수정해.(왼쪽 칸에 넣은 글자가 총 14자이기 때문이야.) 이 블록을 `가위 와(과) 나무 결합하기` 블록의 **왼쪽 칸**에 결합시켜.

❸ ▶을 여러 번 클릭해 봐. 클릭할 때마다 **랜덤**으로 이름이 생성되는 것을 볼 수 있어.

가위의 길이, 가위가 가를 포함하는가? 블록에 대해 알아보자.

❶ 37차시에 만들었던 선물 고르기 스크립트를 불러 오자.

❷ 오른쪽과 같이 **만약 ~이라면** 블록 안에 연산 블록을 교체하자. `가위 이(가) 가 을(를) 포함하는가?` 블록을 결합한 후, 왼쪽 칸에 `대답` 블록을 넣고 오른쪽 칸에 **빨**을 을 넣어 줘. 그럼 **대답이 빨을 포함하는가?** 라는 문장이 완성되겠지?

❸ 🏁을 클릭하고 **빨**이 들어가는 다양한 대답을 입력해 봐. 그 글자만 들어가면 **빨간색 선물**을 선택하고 황금키를 받게 될 거야.

 `가위 의 길이` 블록은 단어의 길이를 알려 주는 블록이야. 이 블록은 나중에 변수를 배우면서 더 자세히 알려 줄게!

 끝말잇기 게임을 만들어 볼까? 일단 고양이가 **사용자가 입력한** 단어에 대답하도록 코딩해 보자.

❶ Glow-O 스프라이트와 Glow-X 스프라이트를 추가한 후, 고양이 스프라이트를 중심으로 양 옆에 나란히 놓아 줘.

❷ `🏁 클릭했을 때` 블록과 `안녕!을 2초 동안 말하기` 블록을 연결하고, 아래와 같이 스크립트를 작성해.

① `안녕!을 2초 동안 말하기` : 안녕! → 끝말잇기를 해보자.로 수정

② `너 이름이 뭐니?라고 묻고 기다리기` : 너 이름이 뭐니? → 너부터 시작해.로 수정

③ `안녕!을 2초 동안 말하기` , `가위` `의` `1` `번째 글자` 블록 2개

④ 첫 번째 `가위` `의` `1` `번째 글자` : 오른쪽 칸 → `가위의 길이`

두 번째 `가위` `의` `1` `번째 글자` : 오른쪽 칸 → `1` `부터` `10` `사이의 난수`

⑤ `가위` `와(과)` `나무` `결합하기` : 왼쪽 칸 → 위에서 만든 `가위` `의` `1` `번째 글자` 연결 → 왼쪽 두 개의 칸에 `대답` 블록 넣기, 오른쪽 칸 → 위에서 만든 `가위` `의` `1` `번째 글자` 연결 → 1을 제외한 모든 칸에 가나다라마바사아자차카타파하 입력

⑥ `안녕!을 2초 동안 말하기` : 안녕! → ④~⑤에서 완성한 블록을 넣어 수정

`대답` `의` `대답` `의 길이` `번째 글자` `와(과)` `가나다라마바사아자차카타파하` `의` `1` `부터` `가나다라마바사아자차카타파하` `의 길이` `사이의 난수` `번째 글자` `결합하기`

 이번엔 고양이 스프라이트가 **맞게 대답했을 때, 틀리게 대답했을 때**를 코딩해 보자.

❶ Glow-O 스프라이트를 선택하고 `이 스프라이트를 클릭했을 때` 블록과 `메시지1 신호 보내기` 블록을 결합한 후, ▼ 클릭하여 새로운 메시지를 선택하고 **정답**을 입력해.

❷ Glow-X 스프라이트를 선택하고 `이 스프라이트를 클릭했을 때` 블록과 `메시지1 신호 보내기` 블록을 결합한 후, ▼ 클릭하여 새로운 메시지를 선택하고 **오답**을 입력해.

❸ 고양이 스프라이트를 선택하고 `메시지1 신호를 받았을 때` 블록과 `너 이름이 뭐니?라고 묻고 기다리기` 블록을 연결해. 메시지1을 **정답**으로 선택하고, 블록 값을 **자, 네 차례야.**라고 수정해 줘.

❹ 앞에서 작성한 아래 블록을 **복사**하여 **묻고 기다리기** 블록 아래에 연결해 줘.

`대답` `의` `대답` `의 길이` `번째 글자` `와(과)` `가나다라마바사아자차카타파하` `의` `1` `부터` `가나다라마바사아자차카타파하` `의 길이` `사이의 난수` `번째 글자` `결합하기` `을(를)` `2` `초 동안 말하기`

❺  블록과 블록을 연결해. 메시지1을 **오답**으로 선택하고, 블록 값을 **내가 졌네!** 라고 수정해 줘.

❻ ▶을 클릭하고 고양이와 끝말잇기 게임을 해 봐. 고양이가 맞게 대답하면 Glow-O 스프라이트를 클릭하고, 고양이가 틀리게 대답하면 Glow-X 스프라이트를 클릭하면서 게임을 진행하면 돼.

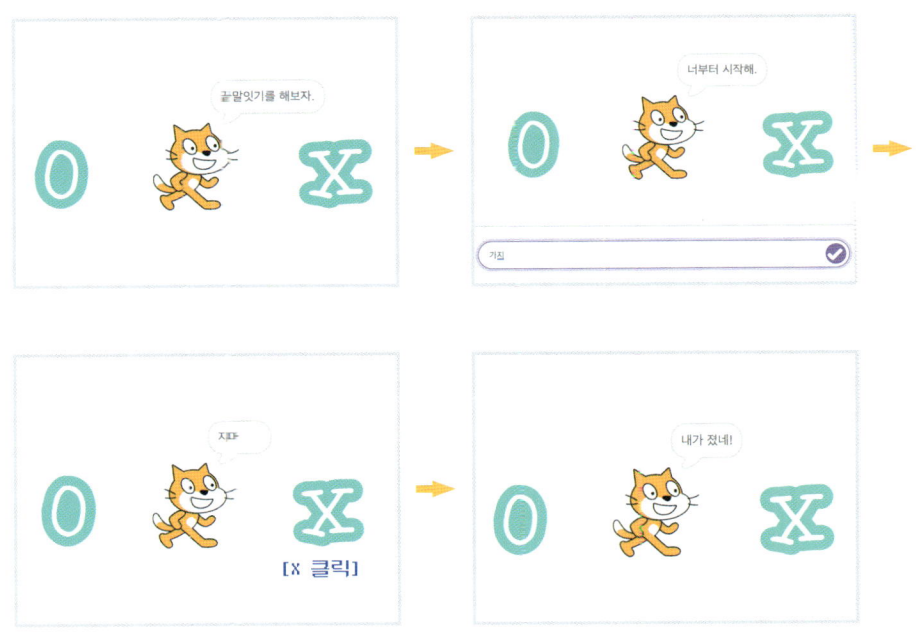

오늘의 코딩 핵심 정리

◆ **가위의 1번째 글자 블록**

문자열에서 **입력한 위치**의 문자를 갖는 블록

◆ **가위의 길이 블록**

단어의 길이를 알려 주는 블록

◆ **가위가 가를 포함하는가? 블록**

첫 번째 입력창에 입력한 값에 **뒤에 입력한 글자가 포함되어 있는지**를 판단하는 블록

나의 코딩 노트

- -

- -

- -

- -

- -

40 나머지, 반올림, 절댓값

연산 블록을 활용하다 보니 코딩할 때 **수학** 개념이 많이 쓰인다는 걸 알게 되죠?

영상QR코드

▼ 나누기의 나머지, ~의 반올림, 절댓값 블록에 대해 알아보아요.

팔레트	블록	블록 설명
연산	 나누기 ◯ 의 나머지	입력된 값들로 나누기를 했을 때 나머지를 저장하는 블록
	◯ 의 반올림	입력된 값의 반올림 값을 저장하는 블록
	절댓값 ▼ (◯)	입력된 값의 절댓값을 저장하는 블록

우리가 일반적으로 쓰는 수를
자연수, 양의 정수(양수)라고 하고
수 앞에 빼기(-)가 붙은 수를
음의 정수(음수)라고 해.

 0은 정수나 다른 종류의 수에 속하지 않아요. 연산 블록의 **소수**는 **0보다 크고 1보다 작은 수**를 뜻해요. 0.12, 2.56, 3.14 등이 소수랍니다.

 나누기의 나머지 블록에 대해 알아보자.

❶ 오른쪽과 같이 스크립트를 만들어. 자연수를 입력했을 때 그 수를 2로 나누어 나머지가 0이면 **짝수**, 0이 아니면 **홀수**라고 판단하는 스크립트야.

❷ ▶을 클릭하고 아무 숫자나 입력창에 넣어 봐. 고양이가 **짝수**인지 **홀수**인지 답해 줄 거야.

나누기 의 나머지 블록은 어떤 수를 다른 수로 나누었을 때 나머지 값에 대해 알아보는 블록으로, 짝수인지 홀수인지 판별할 때 사용할 수 있어.

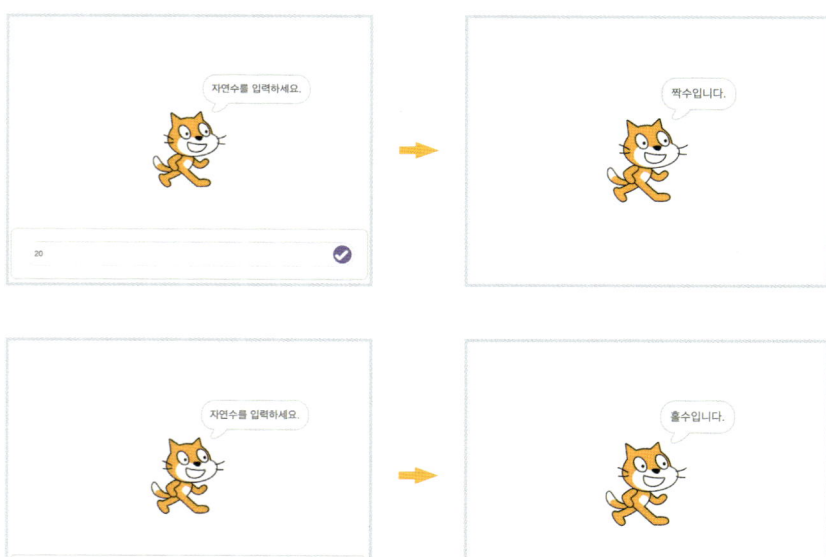

~의 반올림, 절댓값 블록에 대해 알아보자.

❶ 오른쪽과 같이 스크립트를 만들자. 타이머 앞에 체크하면 무대에 타이머가 나타날 거야.

❷ ▶을 클릭하고 **스페이스 키**를 눌러 봐. 고양이가 타이머의 시간을 말하지?

❸ 이번엔 **반올림** 블록에 **타이머**를 넣고 오른쪽과 같이 스크립트를 만들어 보자.

❹ ▶을 클릭하고 **스페이스 키**를 눌러 봐. 타이머의 시간은 소수지만, 고양이는 딱 떨어지는 정수를 말하지?

❺ 이번엔 **절댓값** 블록을 활용하여 스크립트를 만들어 보자. **고양이**를 무대의 오른쪽 끝으로 이동시킨 다음 오른쪽의 ① 블록을 연결하고, 다시 고양이를 무대의 왼쪽 끝으로 이동시킨 다음 ② 블록을 연결해.

❻ ▶을 클릭하고 **스페이스 키**를 눌러 봐. 고양이가 왼쪽, 오른쪽으로 왔다갔다 이동하며 **x 좌표**의 값을 말하는 게 보이니?

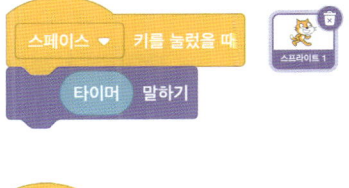

 절댓값은 어떤 수의 절대적인 크기를 비교하기 위해 사용하는 블록이야. 그래서 +, - 부호가 붙지 않아. 블록의 ▼를 누르면 목록을 확인할 수 있어.

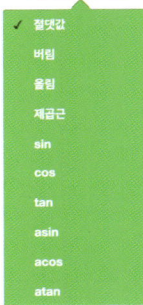

① 버림, 올림 : 반올림의 규칙을 무시하고 소수점 뒤의 수를 무조건 올리거나 버리게 하는 기능이 있습니다.

② 제곱근 : 입력한 데이터의 어떤 수를 거듭해서 곱한 루트 값을 말합니다.

③ sin, cos, tan : 삼각함수를 구해주는 기능으로 3D를 구현할 수 있습니다.

④ 삼각함수에 a가 붙은 선택지 : 역삼각함수를 구해주는 기능을 가지고 있습니다.

⑤ ln, 자연로그, 로그 : 그래프 지수를 말합니다.

⑥ 자연상수 10의 상수 : 미분의 기능을 가지며 오일러 공식, 회전과도 밀접한 관계가 있는 블록입니다.

◆ 자연수와 정수

우리가 알고 많이 쓰는 수를 **자연수 = 양의 정수, 양수**라고 하고 수 앞에 빼기가 붙은 수를 **음의 정수, 음수**라고 해요.

◆ 나누기의 나머지 블록

어떤 수를 다른 수로 나누었을 때 나머지 값에 대해 알아보는 블록. 짝수인지 홀수인지 판단해 주는 기능이 있어요.

◆ ~의 반올림 블록

숫자의 점 뒤에 있는 숫자를 **반올림**해 주는 블록

◆ 절댓값 블록

어떤 수의 **절대적인 크기**를 비교하기 위해 사용하는 블록. **데이터가 알려 주는 값**을 부호에 상관없이 알려 주는 기능이 있어요.

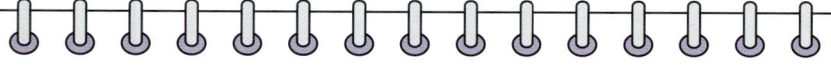

41 변수 활용하기

영상QR코드

▼ 나의 변수, 변수 정하기, 변수 바꾸기, 변수 보이기, 변수 숨기기 블록에 대해 알아보아요.

처음 만나는 블록

팔레트	블록	블록 설명
변수	나의 변수	데이터를 저장하는 블록
	나의 변수 ▼ 을(를) 0 로 정하기	'나의 변수' 변수의 값을 입력한 값으로 정하는 블록
	나의 변수 ▼ 을(를) 1 만큼 바꾸기	'나의 변수' 변수의 값을 입력한 값으로 바꾸는 블록
	나의 변수 ▼ 변수 보이기	'나의 변수' 변수를 보이게 하는 블록
	나의 변수 ▼ 변수 숨기기	'나의 변수' 변수를 숨기는 블록

변수란 말 그대로 변하는 수를 말해. 코딩 프로그램에서는 데이터를 저장하는 장소로 기억하자!

 변수에 데이터를 저장해 두면 프로그램을 실행할 때 언제든 다시 사용할 수 있어서 엄청 편리해져요. 변수는 하나에 한 종류의 데이터를 담을 수 있답니다.

 변수 카테고리를 살펴보면서 변수의 개념을 이해해 보자.

❶ 변수 카테고리의 변수 만들기를 클릭하면 오른쪽과 같은 입력창이 떠. 여기에서 새로운 변수를 만들 수 있어.

❷ 점수라는 변수를 만들어 보자. 점수를 입력하고 확인을 클릭하면 변수 카테고리에 점수 블록이 생긴 걸 볼 수 있을 거야.

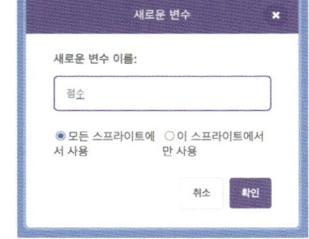

❸ 블록의 나의 변수 옆 ▼을 클릭하면 목록을 확인할 수 있어.

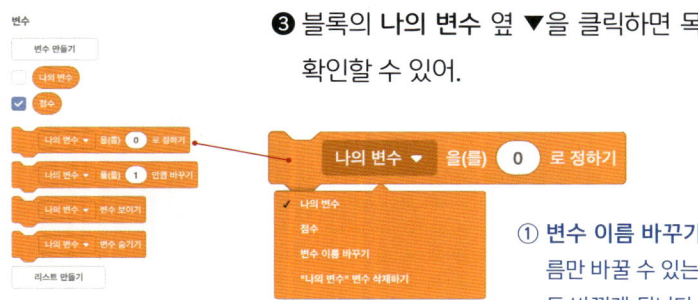

① 변수 이름 바꾸기 : 변수에 담긴 데이터는 그대로인 채 변수 이름만 바꿀 수 있는데, 이름을 바꾸면 같은 값의 변수의 이름이 모두 바뀌게 됩니다.

② 나의 변수 삭제하기 : 스크립트에서 지정한 변수를 모두 삭제하게 되는 기능을 가지고 있습니다.

 나의 변수를 0으로 정하기, 나의 변수를 1만큼 바꾸기 블록을 알아보자.

❶ `나의 변수를 0으로 정하기` 블록은 현재의 변숫값을 새로운 변숫값으로 바꿀 때 사용하는 블록이야. 이 블록은 처음 시작할 때 주로 쓰이는데, 변숫값을 정해 주지 않으면 데이터 값을 불러올 수 없기 때문에 스크립트를 작성할 때 먼저 변수를 만들어 주어야 해.

❷ Star 스프라이트를 추가한 후 고양이 스프라이트 머리 위에 위치시키고, 점수 변수 옆 체크박스를 클릭해 무대창에 변수의 값이 보이게 해주자.

❸ 좋아! 이제 고양이가 점프해서 별에 머리가 닿을 때마다 점수가 올라가도록 코딩해 보자.

❹ **고양이 스프라이트를 클릭하고, 오른쪽과 같이 스크립트를 작성해.**

🐥 변수 카테고리의 블록들의 값을 '점수'로 수정하지 않고 '나의 변수'로 두면 '점수' 변수의 변숫값에는 변화가 없어. 오른쪽 블록들을 잘 보면서 스크립트를 만들자.

❺ **이번엔 Star 스프라이트를 클릭하고, 오른쪽과 같이 스크립트를 작성해.**

❻ 🚩**을 클릭해 봐. 고양이가 점프하면서 점수가 변하니? 그런데 뭔가 이상하지? 점수가 1점씩 올라가지 않고 3점씩 올라가.**

❼ **반복하기 블록의 값을 9로 수정하고 다시 🚩을 클릭해 봐. 이제 고양이가 점프하여 별에 머리가 닿을 때마다 점수가 1점씩 올라갈 거야.**

🐥 고양이 스프라이트가 Star 스프라이트에 닿을 때마다 '점수' 변숫값의 변화가 1보다 많이 증가하지? 이건 고양이 스프라이트가 점프하면서 Star 스프라이트에 닿고 있는 시간이 길기 때문에 생기는 오류야. 이럴 때는 블록의 값이나 스프라이트의 위치 등을 조정해서 해결할 수 있어.

203

오늘의 코딩 핵심 정리

◆ **변수**

프로그램이 **데이터**를 **저장**하는 장소예요. 변수는 하나에 **한 종류의 데이터**를 담아요.

◆ **나의 변수를 0으로 정하기 블록**

현재의 변숫값을 새로운 변숫값으로 바꿀 때 사용하는 블록

◆ **나의 변수를 1만큼 바꾸기 블록**

지금 변숫값에 입력된 수만큼 더하거나 빼주는 기능을 가진 블록

나의 코딩 노트

----

42 리스트 추가하기, 삭제하기

영상QR코드

▼ 리스트 추가하기, 리스트에서 삭제하기, 리스트 항목을 모두 삭제하기 블록에 대해 알아보아요.

처음 만나는 블록

팔레트	블록	블록 설명
변수	나의 리스트	리스트의 데이터 값을 저장하는 블록
	항목 을(를) 나의 리스트 에 추가하기	리스트의 마지막에 입력된 값을 추가하는 블록
	1 번째 항목을 나의 리스트 에서 삭제하기	리스트에서 입력한 1번째 항목을 삭제하는 블록
	나의 리스트 의 항목을 모두 삭제하기	리스트의 항목을 모두 삭제하는 블록

리스트 블록이 보이지 않지?
변수 카테고리에서 리스트 만들기
버튼을 이용하여 만들면 돼!

 코딩할 때 많은 변수를 만들게 되면 스크립트가 길어지기도 하고 헷갈릴 수도 있기 때문에 **리스트**를 만드는 거예요. 여러 개의 변수를 한 번에 볼 수 있고 관리할 수 있으니까요.

 나의 리스트, 항목을 나의 리스트에 추가하기 블록에 대해 알아보자.

❶ **리스트 만들기** 블록을 눌러 **나의 리스트**라는 이름의 리스트를 만들고, 카테고리에 추가된 블록들을 확인해 봐.

❷ 새로운 리스트를 만들면 무대에 오른쪽과 같이 창이 생길 거야. 변수와 달리 여러 값을 저장할 수 있기 때문에 변수의 입력창보다 훨씬 크지.

❸ `클릭했을 때` 블록과 `항목을 나의 리스트에 추가하기` 블록을 연결하고, **아이스크림을 나의 리스트에 추가하기**로 값을 수정해.

❹ 🏁을 클릭하고 리스트 창의 변화를 살펴 봐.

❺ 리스트에 **캔디, 초콜릿**을 차례대로 추가해 보자.

❻ 🏁을 클릭하고 리스트 창의 변화를 살펴 봐.

 처음 깃발을 클릭했을 때 리스트에 추가된 '1. 아이스크림'은 그대로 있고 두 번째 깃발을 클릭했을 때 순서대로 아이스크림, 캔디, 초콜릿이 추가된 걸 확인했니?

 `항목을 나의 리스트에 추가하기` 블록은 리스트의 마지막에 값을 추가하는 블록이야.

1번째 항목을 리스트에서 삭제하기, 리스트의 항목을 모두 삭제하기 블록에 대해 알아보자.

❶ 조금 전에 작성한 스크립트에서 🚩을 한 번 더 클릭한 후, 총 리스트 목록의 개수가 몇 개인지 확인해 봐. 총 7개가 만들어졌을 거야. 2~4번, 5~7번은 아이스크림, 캔디, 초콜릿으로 일정한 패턴이 유지되지만 1번은 규칙에서 벗어나 있어.

❷ 리스트의 규칙이 유지되도록 1번 항목을 삭제하는 스크립트를 만들어 보자. `🚩클릭했을 때` 블록 아래 결합되어 있는 블록은 모두 삭제한 후, `1번째 항목을 나의 리스트에서 삭제하기` 블록을 결합해.

❸ 🚩을 클릭하고 리스트 창의 변화를 살펴 봐.

 `1번째 항목을 나의 리스트에서 삭제하기` 블록은 리스트 안에서 실수하거나 수정해야 하는 일이 생겼을 때 삭제할 항목을 지워주는 블록이야.

❹ 리스트의 목록에서 캔디가 모두 삭제되도록 스크립트를 만들어 보자. `1번째 항목을 나의 리스트에서 삭제하기` 블록을 하나 더 결합하고 각각 2번째, 5번째 항목을 리스트에서 삭제하도록 값을 수정한 후 🚩을 클릭하여 결과를 확인해 보자.

🐥 2번째 '캔디'는 사라졌지만 5번째 '캔디'는 삭제되지 않고 6번째 '초콜릿'이 삭제된 걸 확인할 수 있을 거야. 그 이유는 2번째 캔디 목록 삭제하기 명령이 실행되면서 그 뒤에 있던 목록들이 앞으로 하나씩 당겨지게 되어 6번째 있던 초콜릿이 5번째로 바뀐 거야. 다음 명령이 5번째 목록 삭제하기라서 초콜릿이 삭제된 거지.

❺ `🚩클릭했을 때` 블록 아래 결합되어 있는 블록은 모두 삭제한 후, `나의 리스트의 항목을 모두 삭제하기` 블록을 연결하고 🚩을 클릭해 봐. 리스트 블록이 모두 사라질 거야.

오늘의 코딩 핵심 정리

◆ **나의 리스트에 추가하기 블록**

리스트의 **마지막**에 값을 **추가**하는 블록

◆ **1번째 항목 리스트에서 삭제하기 블록**

리스트 안에서 실수하거나 수정해야 하는 일이 생겼을 때 삭제할 **항목을 지워주는** 블록

◆ **리스트의 항목을 모두 삭제하기 블록**

리스트의 **모든 항목을 삭제**하는 블록. 주로 리스트의 항목을 **리셋**하는 데 쓰여요.

나의 코딩 노트

---

43 리스트 항목에 넣고 바꾸기

리스트를 쉽게 수정할 수 있는 블록들에 대해 알아보아요. 코딩이 좀 더 쉬워진답니다!

영상QR코드

▼ 리스트의 1번째 항목에 넣기, 리스트의 1번째 항목으로 바꾸기 블록에 대해 알아보아요.

팔레트	블록	블록 설명
변수	항목 을(를) 나의 리스트 ▼ 리스트의 1 번째에 넣기	리스트의 입력한 위치에 값을 끼워 넣는 블록
	나의 리스트 ▼ 리스트의 1 번째 항목을 항목 으로 바꾸기	리스트의 입력한 위치에 있는 값을 다른 값으로 바꾸는 블록
	나의 리스트 ▼ 리스트의 1 번째 항목	리스트에서 입력한 위치의 항목의 값을 가지는 블록

리스트를 만든 이후에도
리스트 항목 **위치**를 바꾸거나
리스트 **항목**을 바꾸는 게 가능해!

리스트의 몇 번째 항목에 관한 블록들에 대해 알아보자.

❶ **변수** 카테고리에서 **리스트 만들기** 블록을 눌러 **과목**이라는 이름의 리스트를 만들고, 카테고리에 추가된 블록들을 확인해 봐.

❷ `항목을 과목에 추가하기` 블록을 6개 연결하고 **국어, 수학, 과학, 영어, 사회, 체육**의 항목을 넣어보자.

❸ 🏁을 클릭하고 리스트 창의 변화를 살펴 봐.

❹ 앗! 과목에 코딩을 빼먹었네! **코딩** 과목을 항목의 가장 처음에 끼워 넣으려면 어떻게 해야 할까? 맞아! 이때 `항목을 과목 리스트의 1번째에 넣기` 블록을 활용하면 돼. 오른쪽과 같이 스크립트를 만들고, 🏁을 클릭하고 리스트 창의 변화를 살펴 봐.

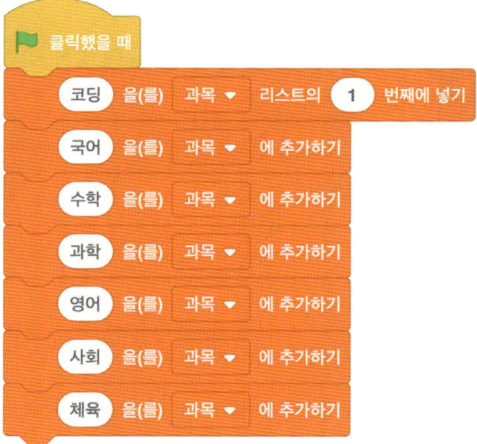

❺ 이번엔 과목의 항목을 다른 과목을 바꿔보자. 리스트 블록을 모두 삭제하고, `🏁 클릭했을 때` 블록 아래 오른쪽과 같이 `과목 리스트의 1번째 항목을 항목으로 바꾸기` 블록을 연결한 다음, **2번째 항목을 음악으로 바꾸기**로 수정해.

❻ 🏁을 클릭하고 리스트 창의 변화를 살펴 봐. 2번째 항목인 **국어**가 **음악**으로 바뀌었다면 성공!

성적의 평균을 내보는 프로젝트를 만들어 보자.

❶ 성적의 평균을 내려면 **과목**과 **과목의 점수**가 필요해. 그 다음 그 점수들을 더한 **총점**과 총점을 과목의 개수로 나눈 **평균**이 필요하겠지.

❷ **변수** 카테고리에서 **변수 만들기**를 클릭하고 **총점**과 **평균**, 두 개의 변수를 만들어.

❸ `클릭했을 때` 블록 아래에 `총점을 0으로 정하기` `평균을 0으로 정하기` 블록을 연결하고, **리스트 만들기**를 눌러 **과목점수**라는 리스트를 만들어.

❹ `과목점수의 항목을 모두 삭제하기` 블록을 연결하면 기본 세팅이 완성된 거야. 이제 그 아래로 3개의 **과목**과 각각의 **점수**를 입력하도록 코딩할 거야. 마지막으로 총점과 평균을 내는 스크립트를 만들어 연결하면 돼. 아래 스크립트를 잘 보고 따라서 코딩해 봐.

❺ 🏁을 클릭하고 고양이가 평균값을 잘 이야기하는지 확인해 보자.

과목 묻고 기다리기 → 대답하기 →
점수 묻고 기다리기 → 대답하기(3번 반복)

`평균을 1만큼 바꾸기` → 빈 칸에 `( / )`을 넣고 변수인 `총점` / 3(과목수) 입력

① `과목점수 리스트의 1번째 항목` 3개 → 2, 4, 6번째 항목으로 블록값 수정
② `( + )` 2개 → ①의 블록 차례로 끼워 넣기

① `가위` `와(과)` `나무` `결합하기` 5개 → 차례대로 결합
② `과목점수 리스트의 1번째 항목` 3개 → 1, 3, 5번째 항목으로 블록값 수정
③ `가위` `와(과)` `나무` `결합하기`에 ②의 블록을 앞에서부터 차례대로 결합
④ 4번째 빈 칸에 '~의 평균점수는' 입력
⑤ 5번째 빈 칸에 `( )의 반올림`을 넣고 빈 칸에 변수인 `평균` 끼워 넣기
⑥ 6번째 빈 칸에 '입니다.' 입력

오늘의 코딩 핵심 정리

◆ 항목을 리스트의 1번째 항목에 넣기 블록

리스트의 **입력한 위치**에 값을 끼워 넣는 블록

◆ 리스트의 1번째 항목을 항목으로 바꾸기 블록

리스트의 입력한 위치에 있는 값을 **다른 값으로 바꾸는** 블록

◆ 리스트의 1번째 항목 블록

리스트에서 **입력한 위치의 항목의 값**을 가지는 블록

나의 코딩 노트

44 리스트 보이기, 숨기기

오늘 배울 블록들은 연산 블록에서 봤던 블록들과 비슷한 느낌이 들지요?

영상QR코드

▼ 리스트 항목의 위치, 보이기, 숨기기 등 남아 있는 리스트 블록에 대해 알아보아요.

처음 만나는 블록

팔레트	블록	블록 설명
변수	항목 을(를) 나의 리스트 에 추가하기	리스트의 마지막에 입력된 값을 추가하는 블록
	나의 리스트 리스트에서 항목 항목의 위치	리스트에서 입력한 항목의 위치값을 저장하는 블록
	나의 리스트 의 길이	리스트의 길이를 저장하는 블록
	나의 리스트 이(가) 항목 을(를) 포함하는가?	리스트에 입력한 값이 있는지 판단하는 블록
	나의 리스트 리스트 보이기	리스트를 무대창에 보이게 하는 블록
	나의 리스트 리스트 숨기기	리스트를 무대창에서 숨기는 블록
내 블록	나의 블록 정의하기	내 블록이 어떤 기능을 수행할지 정의하는 블록
	나의 블록	정의한 내 블록의 내용을 불러오는 블록

리스트에서 항목의 위치, 리스트의 길이, 리스트가 항목을 포함하였는가? 블록에 대해 알아보자.

❶ **변수** 카테고리에서 **리스트 만들기** 블록을 눌러 **나의 리스트**라는 이름의 리스트를 만들어.

❷ 클릭했을 때 블록 아래 항목을 나의 리스트에 추가하기 블록을 3개 연결하고 항목 값을 **코딩, 과학, 수학**으로 수정해.

❸ ▶을 클릭하고 리스트 창의 변화를 확인해 봐.

❹ 클릭했을 때 블록 아래 블록들을 모두 삭제하고, 오른쪽과 같이 스크립트를 만들어. 스프라이트가 **나의 리스트**에서 **과학** 항목의 위치를 찾아서 말하도록 값을 수정해.

❺ 을 클릭하고 리스트 창의 변화를 확인해 봐.

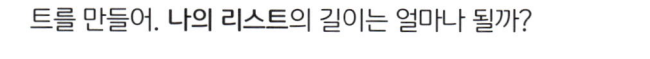 블록은 다른 블록과 결합하여 '리스트에서 입력한 항목의 번호'를 가지는 블록이야.

❻ 클릭했을 때 블록 아래 블록을 삭제하고, 오른쪽과 같이 스크립트를 만들어. **나의 리스트**의 길이는 얼마나 될까?

❼ ▶을 클릭하고 리스트 창의 변화를 확인해 봐.

 블록은 리스트에 있는 '항목의 개수'를 말해주는 블록이야.

❽ 클릭했을 때 블록 아래 블록을 삭제하고, 오른쪽과 같이 스크립트를 만들어. **나의 리스트**가 **코**를 포함하면 10만큼 움직이도록 하는 스크립트야.

❾ ▶을 클릭하고 리스트 창의 변화를 확인해 봐. 어? 고양이가 움직이지 않지? 왜 그럴까?

❿ 다시 오른쪽과 같이 **반복하기** 블록을 끼워 넣어 스크립트를 만들고 🏁을 클릭해 보자. 여전히 고양이가 움직이지 않을 거야.

⓫ 그럼 이번엔 오른쪽과 같이 **코**를 코딩으로 수정한 다음 🏁을 클릭해 보자. 어! 드디어 고양이가 움직이네. 왜 그런지 이유를 알았니?

 `나의 리스트 이(가) 항목 을(를) 포함하는가?` 블록은 리스트 안에 들어 있는 모든 글자를 이야기하는 게 아니고, 항목의 이름 즉 '항목 값'이 정확히 들어가는지 안 들어가는지를 묻는 거야. '코'라는 글자만 넣으면 명령이 실행되지 않는 거야.

 리스트 숨기기, 리스트 보이기 블록에 대해 알아보자.

❶ `🏁 클릭했을 때` 블록 아래 `리스트 숨기기` 블록을 연결하고 🏁을 클릭해 보자. 무대창의 리스트가 모두 사라지지?

❷ `🏁 클릭했을 때` 블록 아래 블록을 삭제하고, `리스트 보이기` 블록을 연결한 다음 🏁을 클릭해 보자. 무대창에 리스트가 나타날 거야.

215

내 블록 카테고리에 대해 알아보자.

❶ 내 블록 카테고리는 실제로 코딩에서 **함수**에 해당되는 기능이야. 조금 어렵지? 코딩에서 **함수**는 반복되는 기능을 함수로 정해놓고 필요할 때마다 **함수**를 이용해 그 기능을 불러서 쓸 수 있는 블록을 말해.

❷ **블록 만들기** 버튼을 누르면 오른쪽과 같은 화면이 나타날 거야. 블록 이름을 **나의 블록**으로 수정하고 확인을 눌러.

❸ 오른쪽 아래와 같이 스크립트를 만들어. `나의 블록 정의하기` 블록 아래에 **10번 반복하기**와 **10만큼 움직이기** 블록을 연결해.

❹ `클릭했을 때` 블록 아래 `나의 블록` 블록을 연결해.

❺ 🚩을 클릭하여 결과를 확인해 봐.

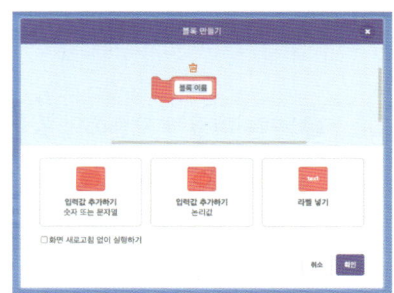

 '내 블록'을 이용해 직접 블록의 기능을 만들어서 사용할 수 있어. 복잡한 코드를 하나의 블록으로 묶어서 간편하게 활용하는 거야.

❻ 다시 새 블록을 만들어 보자. **블록 만들기** 버튼을 누르고 이번엔 아래에 있는 **입력값 추가하기 - 숫자 또는 문자열**을 클릭해.

❼ 블록 이름에 **이동하기**를 입력하고, 그 옆 입력창에는 **이동**이라고 입력한 후 확인을 눌러.

❽ 오른쪽과 같이 스크립트를 만들어. **10번 반복하기**의 10 대신 위의 `이동` 블록을 마우스로 끌어와 넣어 주자. **10만큼 움직이기**도 10 대신 `이동` 블록을 끌어와 넣어 줘.

❾ `클릭했을 때` 블록 아래 `이동하기` 블록을 연결하고 블록값에 10을 입력해.

❿ 🚩을 클릭하여 결과를 확인해 봐.

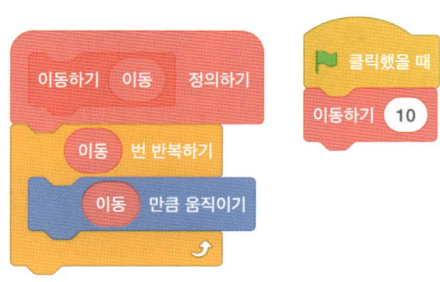

◆ 리스트에서 항목의 위치 블록
다른 블록과 결합하여 리스트에서 입력한 **항목의 번호**를 가지는 블록

◆ 리스트의 길이 블록
리스트에 있는 **항목의 개수**를 말해 주는 블록

◆ 리스트의 항목을 포함하는가? 블록
항목의 이름, 즉 **항목 값**이 정확히 들어가는지 안 들어가는지를 묻는 블록

◆ 내 블록의 블록 이름
우리가 블록의 **기능을 만들어서** 쓸 수 있는 블록

◆ 내 블록의 입력값 추가하기
함수 안에 넣을 **변수**를 만들고 그 변수를 **블록**으로 만들어 쓰는 블록으로, **숫자**뿐만 아니라 **문자**로도 만들어 쓸 수 있어요.

◆ 내 블록의 라벨 넣기
함수의 **이름값**을 추가하는 블록

45 음악, 펜 블록 활용하기

영상QR코드

▼ 클릭했을 때, 스페이스 키를 눌렀을 때 블록에 대해 알아보아요.

팔레트	블록	블록 설명
음악	(1) 스네어 드럼 번 타악기를 0.25 박자로 연주하기	스네어 드럼 타악기를 0.25 박자로 연주하는 블록
	0.25 박자 쉬기	0.25 박자 쉬는 블록
	60 번 음을 0.25 박자로 연주하기	60번 음을 0.25 박자로 연주하는 블록
	악기를 (1) 피아노 (으)로 정하기	연주할 악기를 정하는 블록
	빠르기를 60 (으)로 정하기	연주의 빠르기를 정하는 블록
	빠르기	연주의 빠르기를 저장하는 블록
펜	모두 지우기	무대에서 펜의 표시와 도장을 모두 지우는 블록
	도장찍기	스프라이트가 도장 찍기처럼 복사되는 블록

218

학교 종이 땡땡땡을 연주하도록 코딩해 보자.

❶ 화면 왼쪽 하단의 ▨을 눌러 어떤 확장 블록이 있는지 살펴 보고, **음악**을 선택하고 새로 생성된 음악 카테고리의 블록들을 확인해 보자.

❷ 반짝 반짝 작은별 아름답게 비치네를 연주해 볼까? `▶ 클릭했을 때` 블록과 `60번 음을 0.25 박자로 연주하기` 블록을 결합한 후, 복사 기능을 이용해 `60번 음을 0.25 박자로 연주하기` 블록을 총 **12개** 결합해.

❸ 블록의 60을 클릭하면 피아노 건반이 나타나고 60이 계이름 도 라는 것을 알 수 있을 거야. **도도 솔솔 라라솔 파파미미 레레도** 계이름에 맞춰서 값을 수정해 줘.

❹ ▶을 클릭하여 연주를 확인해 봐.

> 🐤 계이름을 모른다면 음에 맞춰 값을 수정해도 괜찮아. 솔은 67번, 라는 69번, 미는 64번, 레는 62번의 값을 가지고 있어.

❺ 노래 중 **별**의 음이 더 길게 들리도록 7번째 블록의 값을 **64번 음을 0.75 박자로 연주하기**로 수정한 후 다시 ▶을 클릭하여 연주를 확인해 보자.

❻ `▶ 클릭했을 때` 블록 아래에 `악기를 피아노로 정하기` 블록을 결합하고 **피아노** 옆 화살표를 눌러 원하는 악기로 변경한 후 ▶을 클릭하여 연주를 확인해 봐.

 펜 카테고리 블록들에 대해 알아보자.

❶ 화면 왼쪽 하단의 ▨을 눌러 **펜**을 선택하고 새로 생성된 펜 카테고리의 블록들을 확인해 보자.

❷ 다음 페이지와 같이 스크립트를 만들고, ▶을 클릭하고 **스페이스 키**를 눌러 보자. 스페이스 키를 누를 때마다 도장 찍듯이 고양이를 복사하는 것을 볼 수 있을 거야.

오늘의 코딩 핵심 정리

◆ **확장 블록**

확장 블록에는 **음악, 펜, 비디오 감지, 텍스트 음성 변환, 번역**과 여러 하드웨어의 연결에 쓰일 블록들이 들어 있어요.

◆ **펜 카테고리 _ 모두 지우기 블록**

펜 블록을 이용해서 만들어진 펜 효과를 무대에서 **지워주는** 블록

◆ **펜 카테고리 _ 도장찍기 블록**

스프라이트를 무대에서 도장을 찍는 것처럼 생성되게 하는 블록. 도장찍기로 만들어진 스프라이트는 복사된 것으로 **제어할 수가 없어요.**

46. 펜 내리기, 펜 색깔과 굵기 바꾸기

영상QR코드

▼ 펜 확장 블록 카테고리의 나머지 블록들에 대해 알아보아요.

팔레트	블록	블록 설명
펜	모두 지우기	무대에서 펜의 표시와 도장을 모두 지우는 블록
	펜 내리기	펜을 내려 선이 그어지게 하는 블록
	펜 올리기	펜을 올려 선이 그어지지 않도록 하는 블록
	펜 색깔을 (으)로 정하기	펜 색깔을 지정한 색으로 정하는 블록
	펜 색깔 을(를) 10 만큼 바꾸기	펜 색깔을 입력한 수만큼 바꾸는 블록
	펜 색깔 을(를) 50 (으)로 정하기	펜 색깔을 입력한 수로 정하는 블록
	펜 굵기를 1 만큼 바꾸기	펜 굵기를 입력한 수만큼 바꾸는 블록
	펜 굵기를 1 (으)로 정하기	펜 굵기를 입력한 수로 정하는 블록

펜 내리기 블록을 활용하여 그림을 그려 보자.

❶ 화면 왼쪽 하단의 을 눌러 **펜 확장블록**을 선택해.

❷ **고양이** 스프라이트를 삭제하고 Pencil 스프라이트를 추가해.

❸ **모양 탭**에 가서 ▶을 누른 후 Pencil 스프라이트를 전체 드래그하고 옆으로 이동시키면 스프라이트의 **중심축**을 볼 수 있어. 중심축은 회색 십자가에 동그라미가 겹쳐져 그려져 있는 모양이야.

❹ 중심축을 Pencil 스프라이트의 연필심 부분에 맞춰 줘.

`펜 내리기` 블록은 스프라이트 모양의 중심점을 기준으로 선이 나타나지게 되므로 모양 탭에서 중심점과 그려지는 부분을 잘 맞추어 주어야 해.

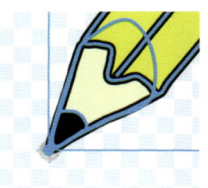

❺ 스프라이트가 **마우스 포인터**를 따라 움직이도록 해 보자. 코드 탭으로 돌아와 오른쪽과 같이 스크립트를 만들어.

❺ `무작정 위치로 이동하기` 블록의 값을 **마우스 포인터로 이동하기**로 수정해.

❻ a 키를 눌렀을 때 펜이 그어지기 시작하도록 `스페이스 키를 눌렀을 때` 블록과 `펜 내리기` 블록을 결합하고 **스페이스 키를** a로 수정해.

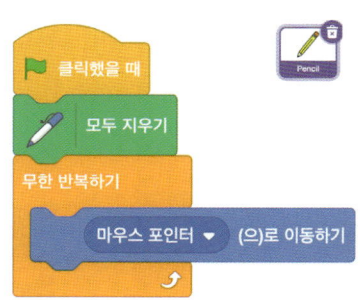

❼ ▶을 클릭하고 a 키를 누른 후 마우스 포인터를 움직이며 결과를 확인해 보자. 마우스 포인터가 움직이는 대로 선이 그려지면 코딩 성공!

❽ 그런데 한 가지 문제가 있어. a 키를 한 번 누른 후에는 다시 펜이 그어지지 않게 할 수 없지? s 키를 눌렀을 때 선이 그어지지 않도록 `스페이스 키를 눌렀을 때` 블록과 `펜 올리기` 블록을 결합하고 **스페이스 키를** s로 수정해.

❾ ▶을 클릭하고 키보드를 눌러보며 결과를 확인해 보자.

고양이가 **원**을 그리도록 코딩해 보자.

❶ `클릭했을 때` 블록과 `x: y: (으)로 이동하기` 블록, `모두 지우기` 블록을 결합하고 x 좌표는 **-50**, y 좌표는 **50**으로 기본 위치를 설정해 줘.

❷ `펜 내리기` 블록과 `펜 굵기를 1(으)로 정하기` 블록을 결합한 후, **펜 굵기를 8**로 수정하자.

❸ `펜 색깔을 (으)로 정하기` 블록을 결합하고 **펜 색깔**을 원하는 색으로 변경해 줘.

❹ 원을 그리는 기본 설정은 끝났어. 그럼 이제 원 3개를 나란히 반복해서 그리도록 해볼까? `10번 반복하기` 블록, `펜 내리기` 블록을 결합한 후 3번 반복하도록 값을 수정해 줘.

> `펜 내리기` 블록이 이미 스크립트에 있는데 `10번 반복하기` 블록 안에 또 결합하는 이유는 뭘까? 원을 3번 반복해서 그릴 때 그리지 않아야 할 부분은 그려지지 않도록 `펜 올리기` 블록을 사용해야 하기 때문이야.

❺ `펜 내리기` 블록 아래에 `10번 반복하기` 블록, `10만큼 움직이기` 블록, `오른쪽 방향으로 15도 돌기` 블록을 결합하고 스프라이트가 **15**만큼 움직인 후 오른쪽 방향으로 **10도** 회전하는 것을 **36번** 반복하도록 블록들의 값을 수정해 줘.

❻ `36번 반복하기` 블록 아래에 `펜 올리기` 블록, `x좌표를 10만큼 바꾸기` 블록, `펜 색깔을(를) 10만큼 바꾸기` 블록을 결합한 다음, x 좌표는 **100**, 펜 색깔을 **50**으로 값을 수정해.

❼ 🏁을 클릭하여 결과를 확인해 보자. 오른쪽 화면과 같이 원이 세 개 그려졌다면 코딩 성공!

오늘의 코딩 핵심 정리

◆ **펜 내리기 블록**

스프라이트가 이동되는 위치를 따라 **선을 그어주는** 블록. 스프라이트 모양의 **중심점**을 기준으로 선이 나타나게 되므로 모양 탭에서 중심점과 그려지는 부분을 잘 맞추어 주어야 해요.

◆ **펜 올리기 블록**

선이 **그어지지 않게** 하는 블록

나의 코딩 노트

47. 영상 감지, 음성 변환, 번역하기

영상QR코드

▶ 비디오 감지, 텍스트, 음성 변환, 번역하기 블록에 대해 알아보아요.

처음 만나는 블록

팔레트	블록	블록 설명
비디오 감지	비디오 동작 > 10 일 때	비디오의 동작이 입력한 수보다 클 때 명령이 실행되는 블록
	비디오 동작 에 대한 스프라이트 에서의 관찰값	비디오에 비춰지는 동작의 값을 저장하는 블록
	비디오 켜기	비디오를 켜는 블록
	비디오 투명도를 50 (으)로 정하기	비디오 투명도를 50으로 정하는 블록
텍스트 음성 변환	안녕 말하기	'안녕'을 소리내서 말하는 블록
	음성을 중고음 로 정하기	음성의 톤을 중고음으로 정하는 블록
	언어를 한국어 로 정하기	언어를 지정하는 블록
번역	안녕 을(를) 스페인어 로 번역하기	입력한 값을 지정한 언어로 번역하는 블록
	언어	현재 입력한 언어의 종류를 저장하는 블록

비디오 감지 확장 블록에 대해 알아보자.

❶ 화면 왼쪽 하단의 을 눌러 **비디오 감지 확장 블록**을 선택해.

> '비디오 감지' 카테고리 블록은 컴퓨터나 노트북에 카메라가 있거나 캠이 있어야 실행되는 블록들이야.

❷ `비디오 동작 > 10일 때` 블록과 `10만큼 움직이기` 블록을 연결해. 무대 화면에 네 얼굴이 보이지? 카메라 앞에서 움직일 때마다 스프라이트의 변화를 확인해 봐. 비디오 동작이 10보다 **크다**고 감지하면 고양이가 10만큼 움직일 거야.

❸ ▶을 클릭하여 결과를 확인해 보자.

 텍스트 음성 변환 확장 블록에 대해 알아보자.

❶ 화면 왼쪽 하단의 을 눌러 **텍스트 음성 변환 확장 블록**을 선택해.
❷ 오른쪽과 같이 스크립트를 만들어 보자. `안녕 말하기` 블록 값은 **만나서 반가워!**로 수정해.
❸ ▶을 클릭하여 결과를 확인해 보자. 음성을 **중고음, 고음, 저음, 고양이**로 바꿔가며 결과를 확인해 봐.
❹ 이번엔 언어를 영어로 바꾸어 실행해 보자. 제대로 실행되지 않지? 그럼 **nice to meet you**라는 문장으로 바꾸고 다시 ▶을 클릭하여 결과를 확인해 보자.

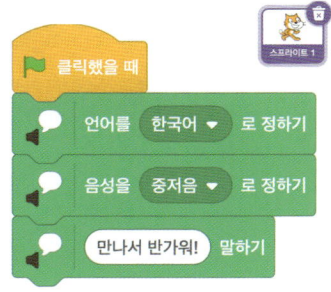

 `음성을 중고음으로 정하기` 블록은 목소리 톤의 높낮이를 정하거나 고양이 목소리로 변조해 주는 블록이야. '텍스트 음성 변환' 카테고리 블록은 입력한 텍스트를 음성으로 들려주는 블록으로 선택한 나라에 맞게 텍스트 역시 바꿔서 입력해 주어야 제대로 실행돼.

번역 확장 블록에 대해 알아보고, **한영 번역기**를 만들어 보자.

❶ 화면 왼쪽 하단의 ▨을 눌러 **번역** 확장 블록을 선택해.

❷ `언어` 블록 앞에 체크하면 무대 창에 현재 어떤 언어로 번역되는지 볼 수 있어.

❸ **한영 번역기**를 한번 만들어 놀까? 먼저 `클릭했을 때` 블록과 `너 이름이 뭐니? 라고 묻고 기다리기` 블록을 연결하고 블록 값을 **어떤 말을 번역하시겠습니까?**라고 묻고 기다리도록 값을 수정해 줘.

❹ 사용자가 입력한 대답을 **나의 변수** 변수에 저장해 주고, `나의 변수를 0으로 정하기` 블록과 `대답` 블록을 결합해.

❺ **나의 변수** 변수의 값을 **영어**로 번역한 후 소리 내어 말하도록 `안녕 말하기` 블록과 `안녕을 스페인어로 번역하기` 블록, `나의 변수` 블록을 이용해 아래와 같이 스크립트를 완성하자.

❻ ▶을 클릭하고 번역하고자 하는 말을 한국어로 입력한 다음, 영어로 번역되는지 결과를 확인해 보자.

오늘의 코딩 핵심 정리

◆ **비디오 감지 카테고리 블록**

컴퓨터나 노트북에 **카메라**가 있어야 실행되는 블록

◆ **텍스트 음성 변환 카테고리 블록**

입력한 텍스트를 **음성**으로 들려주는 블록. **선택한 나라에 맞게** 텍스트 역시 바꿔서 입력해 주어야 제대로 실행돼요.

◆ **안녕을 ~어로 번역하기 블록**

입력창에 입력한 텍스트를 지정한 나라의 언어로 **번역**해 주는 블록

나의 코딩 노트

"스크래치 블록을 드디어 다 깼어!"

우와, 결국 해냈어! 스크래치 블록을 완전히 격파했어.
기쁨과 흥분이 채 가라앉기도 전에
띠리링, 메일 한 통이 도착했어.
역시 비밀 암호로 쓰여진 머일이었는데,
스크래치 블록을 다 깨는 순간 전송되도록 코딩된 것 같아.

메시지를 해독해 보니 내용은 아래와 같았어.

"냐옹쓰, 역시 너의 끈기는 우주 최강이구나! 해낼 줄 알았어!
그런데 이제 좀 더 험난한 과정을 겪어야만 해.
스크래치 스토리들을 차근차근 정복해야 하거든.
스크래치의 세계는 정말 넓고 무한하단다.
하지만 스토리를 모두 깨고 나면 우주 비밀통로 지도를 받게 될 거야.
부디 그 지도를 따라 여기로 와 주길. 건투를 빌어!"